ÉTUDES PRATIQUES

SUR

L'ORGANISATION DU TRAVAIL

ET

LA COLONISATION DE L'ALGÉRIE.

BESANÇON,

IMPRIMERIE D'OUTHENIN-CHALANDRE FILS,

RUE DES GRANGES, 23.

1849.

L'ORGANISATION DU TRAVAIL

ET

LA COLONISATION DE L'ALGÉRIE.

De l'Organisation du Travail.

« La société doit la subsistance aux citoyens malheureux, soit en
» leur procurant du travail, soit en assurant les moyens d'exister à
» ceux qui sont hors d'état de travailler. »

Ce principe proclamé par la Constituante et la Convention, est dicté
par la justice et l'humanité; sa mise en pratique importe au plus
haut degré à la conservation de la société, dont les ouvriers sans pain
seront toujours les plus implacables ennemis.

Une partie considérable de la population vit chaque jour du travail
de la journée; son imprévoyance d'une part, de l'autre la faiblesse
de la plupart des salaires, la rendent incapable, pendant des chô-
mages produits par les crises financières ou politiques, de pourvoir
à sa nourriture par des économies faites dans des temps plus heureux; c'est à ceux qui gouvernent à prendre des mesures pour qu'il
y ait toujours du travail pour tous.

Le devoir d'un gouvernement d'assurer le travail des ouvriers
est non-seulement un des plus importants, c'est aussi un des plus
difficiles à remplir : les événements déplorables qui ont été le résultat
d'une organisation impolitique d'ateliers nationaux prouvent que cette
question nécessite des études très-approfondies; elle a été pour moi
l'objet de longues réflexions, dont j'espère que le tribut pourra être
de quelque utilité.

Des Travaux de l'État.

Les travaux exécutés par l'État ou pour l'État sont : 1° les constructions d'utilité publique, telles que les routes, les canaux, les
édifices, les fortifications, les vaisseaux nationaux ; 2° les objets de

consommation pour les armées de terre et de mer, comme les draps pour l'habillement des troupes, les munitions de bouche et de guerre ; 3° quelques objets monopolisés, les tabacs, les poudres et salpêtres.

Un défaut d'organisation générale s'est toujours fait sentir dans l'exécution des constructions d'utilité publique. Ces travaux ont reçu le plus haut degré d'activité aux époques de prospérité, alors que les travaux particuliers étaient le plus nombreux ; il en résultait une insuffisance dans le nombre des ouvriers spéciaux ; pour y suppléer on attirait les travailleurs des champs, et on apportait ainsi une grande souffrance à l'agriculture, en la privant des bras qui lui étaient nécessaires. Plus tard, aux époques de crise, lorsque les constructions se trouvaient ralenties, un grand nombre d'ouvriers restaient sans travail, la plupart n'avaient pas fait d'économies ; habitués aux douceurs de la vie que leur avait donné un salaire plus élevé que celui de la culture, habitués souvent aux tristes jouissances de la débauche qui se développe toujours dans les grandes réunions d'ouvriers, ils s'abstenaient d'avoir recours aux travaux des champs ; d'ailleurs l'agriculture n'était pas apte à les recevoir précisément au moment où ils restaient sans occupation ; ils devenaient la proie de la misère.

Pour éviter ces tristes conséquences, le devoir de l'Etat est de régler le travail général des constructions, en exécutant les siennes à des époques choisies convenablement : qu'il ralentisse celles qui sont commencées, qu'il n'en entreprenne pas d'autres, dans les moments où les travaux privés réclament une grande quantité d'ouvriers ; pendant les crises au contraire, qu'il donne la plus grande activité à ses ateliers, qu'il en forme de nouveaux. En prenant ces dispositions, il n'enlèvera plus à l'agriculture les bras qui lui sont nécessaires ; il réduira le nombre des travailleurs qui font leur spécialité des constructions, de manière qu'ils puissent être occupés sans interruption, et aux époques difficiles il se trouvera encore en mesure de donner du travail à un certain nombre d'ouvriers des autres arts qui seront en chômage.

Il résultera, il est vrai, de ces mesures, que l'industrie ne pourra plus jouir des constructions dans les années qui suivent leur conception ; mais ces travaux gagneront par la maturité des projets ce qu'ils perdront en rapidité d'exécution ; d'ailleurs on ne doit pas sacrifier la régularisation du travail au désir de jouir immédiatement ; il est temps qu'on ne considère plus l'ouvrier comme une machine qu'on fait fonctionner à haute pression pour lui faire produire beaucoup en peu de temps, et qu'on abandonne au repos quand on n'a plus besoin d'elle.

Le choix des travaux à exécuter est une question importante qui a été souvent mal résolue. Un grand nombre de constructions faites ne présentent qu'un faible degré d'utilité, qui est loin d'être en rapport avec les dépenses qu'elles ont entraînées. En en restreignant l'examen au point de vue de leurs départements, les députés qui les ont réclamées ne se sont point trompés, l'utilité en était presque entièrement pour ces départements et les charges pour chacun d'eux n'étaient qu'environ $\frac{1}{86}$e de la dépense ; il suffisait souvent que cette utilité dépassât ces charges pour que l'exécution fût demandée par les localités ; il suffisait que les représentants des localités fussent influents auprès du ministère, auprès de leurs collègues, pour qu'ils fissent adopter les projets, à charge de faire des concessions analogues aux autres députés influents qui avaient des constructions de même nature à proposer. Une étude prolongée de ces travaux de faible utilité aurait sans doute évité l'exécution d'un grand nombre, pour lesquels la précipitation des votes n'a pas laissé à la chambre le temps de s'éclairer par d'autres renseignements que ceux qui étaient présentés par les parties intéressées.

Pour créer des travaux aux époques de crise, il faudra certainement que les finances de l'Etat se trouvent dans une position très-prospère ; j'examinerai ultérieurement les moyens d'y arriver.

Du Mode d'exécution des Constructions.

Des hommes qui n'avaient certainement aucune notion pratique de l'administration des ateliers, ont proposé d'améliorer la position des ouvriers par des modifications aux modes d'exécution des travaux ; ils ont demandé la suppression des entrepreneurs, l'adoption du travail à la journée au lieu du travail à la tâche, l'association entre les ouvriers. Ces changements ne produiraient aucun bon résultat ; les hommes qui ont fait exécuter des travaux reconnaissent tous qu'à salaire égal payé aux ouvriers, l'Etat gagne à prendre des entrepreneurs, que le travail à la tâche est plus avantageux à l'ouvrier et au trésor que le travail à la journée, enfin que si l'association est praticable dans quelques circonstances, il est impossible de la généraliser. Je vais chercher à faire sentir la vérité de ces principes.

L'entrepreneur d'une construction, loin d'être un rouage inutile, est le travailleur le plus occupé de ses ateliers ; c'est à lui à faire arriver les matériaux, à se pourvoir d'ouvriers, à se procurer l'outillage nécessaire, à distribuer à chacun son emploi, à surveiller les ouvrages de manière que chaque partie soit faite à temps et bien exécutée. Pour payer son travail, son personnel administratif, l'intérêt des fonds engagés dans l'entreprise, les ingénieurs ont soin dans les bordereaux des marchés d'augmenter d'une certaine fraction le prix brut des fournitures et de la main-d'œuvre; ils se réservent le droit de veiller au paiement des travailleurs et à l'exécution des engagements pris envers ou par l'entrepreneur. Les choses étant ainsi réglées, les marchés sont mis en adjudication; si les prix sont très-avantageux, la concurrence entre les soumissionnaires les réduit ordinairement de manière que l'adjudicataire ne puisse obtenir qu'un bénéfice convenable; souvent même elle dépasse ce terme, de telle sorte qu'un grand nombre d'entrepreneurs, après avoir travaillé avec beaucoup d'activité, se trouvent complétement ruinés. Si, pour éviter la concurrence, les soumissionnaires se coalisent, souvent les ingénieurs en ont connaissance, ils en informent le ministre qui ne confirme pas l'adjudication, et les soumissionnaires sont poursuivis conformément à la loi. Sans doute malgré ces mesures quelques entrepreneurs ont acquis de la richesse soit par des adjudications non disputées, soit par la fraude dans l'exécution, lorsque par exception la surveillance des administrations de l'Etat n'a pas été suffisante; mais ces succès ont été peu nombreux, on peut dire qu'en moyenne les entrepreneurs n'obtiennent que des bénéfices très-modérés sur les travaux de l'Etat qu'ils exécutent, et que la rétribution de leur travail se trouve être ainsi très-modeste.

Lorsque les constructions ne sont pas faites par entreprise, l'entrepreneur et ses commis sont remplacés dans leurs fonctions par des employés rétribués d'une manière fixe. Les ouvriers n'ont rien à y gagner, ils sont payés aux prix courants comme par les entrepreneurs, car l'Etat ne peut pas, sans être accusé d'injustice et de mauvaise administration, payer ses ouvriers à un prix plus élevé que les particuliers ne paient les leurs. L'Etat perd généralement à faire exécuter par ses employés; d'une part l'augmentation nécessitée dans son personnel est ordinairement une charge bien aussi lourde que le bénéfice laissé à un entrepreneur; de l'autre les dépenses brutes pour l'exécution des travaux sont plus élevées, parce que les employés à rétribution fixe n'étant pas intéressés personnellement à l'économie comme un entrepreneur, surveillent moins les ouvriers, ne saisissent pas avec autant d'attention les occasions de faire des approvisionnements, enfin parce qu'ils sont généralement moins au courant des ressources des localités.

On a combattu le travail à la tâche, c'est cependant celui dont la rétribution est le plus équitable, parce que l'ouvrier se trouve payé suivant qu'il a produit. Outre cette considération de justice, le travail à la tâche doit être employé quand il est compatible avec la bonne exécution des ouvrages, parce qu'il est le plus avantageux au travailleur et à l'Etat. Les ouvriers à la tâche gagnent généralement moitié en sus du salaire de ceux qui sont à la journée et ils ont la jouissance de conserver une plus grande liberté d'actions ; les ouvriers à la journée manquent de stimulant ; pour obtenir d'eux des résultats même médiocres, il est nécessaire le plus souvent d'exercer sur eux une surveillance incessante, de les tenir sous la menace d'un renvoi, tandis que l'emploi du temps de ceux qui sont à la tâche reste à peu près à leur discrétion. Le travail à la tâche, malgré l'augmentation de salaire qu'en obtient l'ouvrier, est avantageux à l'Etat, parce que, malgré toute la surveillance possible, la plupart des travailleurs à la journée produisent peu ; les hommes ont besoin d'être pressés par l'intérêt personnel ; tous les encouragements qui ne se rapportent pas à ce sentiment ont peu d'action dans les circonstances habituelles de la vie.

On a proposé l'association entre les ouvriers avec partage égal des profits. Cette association est quelquefois bonne, quand la tâche ne peut pas être distribuée par individu, qu'elle l'est par atelier et que dans chaque atelier le travail de l'un oblige le travail de l'autre. Ainsi qu'on ait à enlever un massif de terre et le transporter à 90 mètres ; la bonne organisation du travail comporte que cet ouvrage soit partagé entre des ateliers de quatre hommes ; dans chaque atelier, un terrassier charge la terre dans une brouette, un autre la roule à 30 mètres, le troisième à 30 mètres plus loin, et le quatrième achève le parcours ; ces quatre ouvriers doivent forcément travailler également ; ils doivent aussi se distribuer par égales parts le salaire perçu pour le nombre de mètres cubes enlevés par l'atelier ; les choses se passent ainsi dans les terrassements avec cette réserve toutefois que les bons ouvriers se groupent entre eux en laissant les mauvais ensemble,: mais les tailleurs de pierres pourquoi ne seraient-ils pas payés tous inégalement suivant leurs produits ; la nature de leur travail ne rend pas l'activité de l'un solidaire de l'activité de l'autre ; si un père de famille fait dans un jour un mètre de taille pour gagner six francs qui sont nécessaires à son ménage, pourquoi nivellerait-on ses profits avec ceux du célibataire à qui trois francs suffisent, et qui veut se reposer une partie de la journée ? Quand l'entrepreneur général ne veut pas entrer dans le détail de la distribution des tâches, les tailleurs de pierres peuvent bien s'associer pour traiter de l'exécution du taillage que comporte une construction, et répartir le travail entre eux ; mais l'équité demande qu'ils en partagent le prix proportionnellement aux produits individuels.

Ces entreprises d'une fraction du travail d'une construction sont quelquefois remises à des tâcherons ; le plus ordinairement les ouvriers n'ont rien à y perdre, parce que le tâcheron comme l'entrepreneur n'a généralement qu'un bénéfice qui représente son travail. Ainsi le sous-traitant pour la taille d'une construction est chargé de la distribution des commandes, du tracé des coupes de pierres ; ses profits ne dépassent pas habituellement la valeur de ses opérations ; la concurrence que l'entrepreneur est intéressé à employer est une garantie de ce résultat.

Si l'association entre les ouvriers est quelquefois bonne pour l'exécution de certaines parties de travaux, elle ne peut jamais l'être pour l'entreprise d'une grande construction qui comporte l'emploi d'ouvriers de spécialités différentes. Je suppose que les ouvriers qui doivent contribuer à l'exécution d'un grand ouvrage s'associent entre eux, et en obtiennent l'entreprise, j'admets que l'Etat fasse les avances nécessaires pour l'outillage, pour l'approvisionnement des matériaux. Il faudra que l'association choisisse un directeur pour remplir les fonctions ordinaires de l'entrepreneur dans la marche des travaux ; ce directeur gagnera probablement plus que n'aurait gagné un entrepreneur, les agents des sociétés en commandite amassent d'habitude plus de richesses que les adjudicataires des travaux publics ; ce directeur dirigera moins bien qu'un entrepreneur, achètera moins avantageusement les matériaux, n'étant pas au même degré intéressé à l'économie, l'exécution des ouvrages entraînera par suite plus de dépenses : en supposant que le prix payé par l'Etat soit le même, la part des ouvriers sera donc moindre que si on avait admis un entrepreneur. Le mal sera encore tolérable, si cette part est distribuée autant que possible suivant les produits de chacun; mais si on répartit également les sommes perçues entre les ouvriers sans laisser d'autre mobile à leur zèle que l'intérêt qu'ils pourront avoir dans le rendement général de l'entreprise, le travail languira et ne produira presque rien. Qu'on suppose cent ouvriers associés, qu'on fasse abstraction si on veut de la différence de leur capacité, de l'injustice qu'il y aurait à donner au simple manœuvre une part égale à celle de l'ouvrier d'art dont l'apprentissage a été dispendieux, qu'on admette pour éviter ces difficultés que les associés sont tous de même capacité, habitués à gagner chacun le même salaire, par exemple quatre francs par jour. Qu'arrivera-t-il si ces cent ouvriers partagent également le rendement de l'entreprise en supprimant entre eux tout autre stimulant que le centième de ce rendement qui reviendra à chacun? c'est que chaque ouvrier sentira bientôt qu'en se laissant aller à l'oisiveté, en ne faisant en un jour que le travail habituel de la demi-journée, la réduction de deux francs qui résultera pour l'association de son défaut d'activité ne pèsera sur lui que pour un centième de deux francs, pour deux centimes, ce qui revient à dire qu'il n'aura pas d'intérêt personnel à travailler. Quel stimulant lui restera-t-il, la fraternité, l'amour du bien public? ce sont de beaux sentiments qu'il faut enseigner aux hommes, mais sur lesquels on ne doit pas compter. Attendra-t-on une excitation suffisante de l'amour-propre, du désir de chacun de montrer qu'il peut faire autant que les autres, plus que les autres? Il suffit d'examiner un atelier d'ouvriers travaillant à la journée pour reconnaître que l'amour-propre a peu d'action; il arrive bien quelquefois que certains d'entre eux font beaucoup de travail dans une journée pour constater leur supériorité; mais ils se reposent ensuite dans leur gloire acquise.

De la Fabrication par l'Etat.

La fabrication des objets nécessaires aux armées de terre et de mer est plus avantageuse pour l'Etat par entreprise que par gestion directe des employés du gouvernement, sans que les ouvriers aient plus à gagner à un mode d'exécution qu'à l'autre; les motifs sont les mêmes que pour les constructions; l'agent à rétribution fixe est moins intéressé à l'économie que l'entrepreneur, son activité doit être moins grande, il doit profiter moins habilement des ressources des localités. Les objets dans lesquels la perfection doit être atteinte à tout prix, l'Etat peut les faire fabriquer par ses employés; mais pour les autres produits, il doit avoir recours à l'entreprise, parce que l'économie dans l'emploi des deniers publics est une condition sans laquelle il ne peut pas satisfaire à tous ses devoirs.

Quant à l'activité à donner aux travaux de fabrication qui dépendent du gouvernement, elle doit être la plus grande possible aux époques de crise, et très-modérée aux époques de prospérité. Les choses se sont souvent passées ainsi, mais sans qu'on doive y voir une attention des gouvernants; lorsque pendant les crises ils ont activé la fabrication pour l'armée, l'augmentation des troupes l'exigeait.

L'Etat doit en général s'abstenir de la fabrication des objets de commerce; parce qu'il aurait un désavantage énorme à remplacer par des employés les manufacturiers qui, mûs par l'intérêt personnel, font une étude très-approfondie des besoins des consommateurs, saisissent avec beaucoup d'attention les occasions de se procurer les matières premières , dirigent avec activité , et placent leurs produits avec beaucoup d'habileté.

De l'Industrie privée.

Je passe à l'examen des travaux de l'industrie privée. Une question importante s'élève d'abord , savoir s'il est convenable aux époques de chômage de chercher à donner du travail à chacun des ouvriers dans le genre d'industrie auquel il se livre habituellement ? Je répondrai négativement pour un grand nombre de circonstances. Le défaut de la fabrication au point de vue de l'organisation générale du travail est d'être très-mal réglée : aux époques de prospérité, certains produits, surtout ceux de luxe, sont fort demandés, les manufacturiers donnent alors une très-grande extension à leur fabrication, ils appellent à eux les ouvriers des campagnes par l'appât d'un salaire élevé, les magasins se remplissent rapidement, souvent une crise se produit par cet encombrement même dans certaines branches d'industrie, le trop plein arrête les travaux; d'autres fois ce sont les baisses dans la prospérité publique qui réduisent la consommation et la vente. Dans ces circonstances où les approvisionnements d'objets fabriqués sont en surabondance, il est impossible de donner de la continuité aux travaux des époques qui ont trop produit; la moyenne de la consommation n'étant pas en rapport avec ces travaux, ne le comporte pas. Pour remédier à ces vices d'organisation, le gouvernement doit, aux époques de prospérité, chercher à mettre des entraves à l'exagération de la fabrication , la réduire à ne produire jamais trop, pour qu'elle produise constamment.

Un des moyens d'obtenir ce résultat est d'établir sur la fabrication aux époques de prospérité des impôts, en laissant au pouvoir exécutif la faculté de les annuler dans les moments de crise, par de simples arrêtés, pour éviter la lenteur des présentations de lois. L'Etat a fait assez de sacrifices à l'industrie par l'extension dispendieuse des moyens de communication , pour qu'on ne craigne pas de l'imposer : ces impôts devraient lui laisser l'essor convenable et arrêter seulement ses écarts; si on craignait qu'ils fussent nuisibles au commerce d'exportation, rien n'empêcherait de les compenser par des primes sur les objets exportés.

Un autre moyen de régulariser la fabrication est de favoriser l'agriculture, de manière à arrêter l'émigration des ouvriers des champs vers les fabriques ; l'industrie ne pouvant plus disposer à certaines époques d'une masse de travailleurs ne tombera plus dans les mêmes encombrements par exagération de production.

Ces dispositions adoptées, l'industrie se trouvera en mesure de donner plus de continuité à ses travaux : dans les moments de crise, elle ne laissera en chômage qu'une quantité fort restreinte d'ouvriers, parce que le nombre de ceux qui se seront adonnés à la fabrication ne sera plus trop élevé et que leurs travaux conserveront toujours une certaine extension. La fraction qui restera sans occupation sera recueillie par l'Etat, qui l'arrachera aux villes où elle ne serait plus apte qu'à l'émeute, en lui présentant du travail dans les constructions publiques et dans les défrichements dont je parlerai ultérieurement [1].

La société doit arrêter les essorts de l'industrie, mais elle doit aussi la soutenir au degré convenable. Aux époques de crise, si le travail ne se trouve pas arrêté par encombrement, mais par défaut de capitaux provenant de la lenteur de la rentrée des créances, c'est au gouvernement à venir au secours des ouvriers et des fabricants en procurant à ces derniers des avances de fonds, lorsqu'ils présentent des garanties suffisantes. Je suppose toujours l'Etat assez riche pour faire face à tous les besoins de cette nature qui réclament son intervention; un élément indispensable à l'organisation du travail est une prospérité dans les finances publiques, inattaquables par toutes les crises possibles : j'indiquerai les moyens d'obtenir cette prospérité.

Je dois encore ajouter que l'Etat en donnant directement du tra-

[1] Dans son discours sur le droit au travail, M. Thiers a nié qu'on pût employer aux terrassements des ouvriers d'art, tels que les orfèvres, qui ne sont pas habitués aux travaux fatigants. Sans doute il est à désirer que chacun puisse toujours trouver de l'occupation dans sa profession habituelle; c'est pour ce motif qu'on doit chercher à empêcher la fabrication de prendre une extension exagérée aux époques de prospérité; mais dans les circonstances difficiles, comme celle où nous nous trouvons, on peut compter que pendant une ou deux années au moins l'orfèvrerie n'emploiera pas un aussi grand nombre d'ouvriers qu'aux époques prospères qui ont précédé, que pendant ce temps ceux qui seront en chômage ne trouveront pas d'ouvrage dans les arts analogues, également en souffrance; ne doit-il donc leur rester pour ressource que l'aumône? je ne le pense pas; qu'ils apprennent à manier la pelle et la brouette; les premiers jours ils auront les mains déchirées, comme l'a remarqué M. Thiers; mais un très-court repos laissera dissiper les empoules qui s'y seront formées, et quand ils reprendront le travail, leur peau deviendra bientôt assez ferme pour résister; ils n'auront pas de suite assez de force et d'habitude pour produire autant que des terrassiers exercés, mais ils produiront : il faut peu de temps pour former les hommes au transport des terres; en Afrique on emploie à des ouvrages de ce genre des soldats dont un certain nombre n'étaient exercés qu'à des arts peu fatigants, qui n'avaient pas pu se préparer à la peine dans le repos des garnisons, et on obtient d'eux de très-grands résultats, presque dès les premiers temps de leur arrivée. Qu'on classe parmi les invalides aux époques de crises les ouvriers des arts délicats, qui seront âgés ou souffreteux, mais que les hommes valides soient occupés.

vail à un grand nombre d'ouvriers pendant les crises, diminuera leur gravité pour la fabrication, la consommation ne se trouvant plus arrêtée d'une manière aussi complète qu'elle l'a été dans quelques circonstances.

De l'Agriculture.

C'est surtout sur les habitants des campagnes que l'Etat doit porter sa sollicitude. La prospérité de l'agriculture est un des éléments les plus essentiels du bien être général, parce que les produits de cet art sont les plus nécessaires ; elle est un puissant moyen de régulariser le travail des villes en tendant à arrêter l'émigration des ouvriers cultivateurs. Les travaux des champs sont exempts des extrêmes variations de ceux de la plupart des fabriques, parce qu'ils s'appliquent à des objets indispensables, dont la consommation prochaine est toujours assurée ; les légères variations apportées par les changements de saisons ont peu d'inconvénients pour le travailleur de la culture, en raison du peu de frais que la nourriture et le logement exigent des habitants des campagnes, s'ils organisent convenablement leur existence. L'agriculture a avant tout l'immense avantage de présenter aux ouvriers le séjour des champs, infiniment plus moral que celui des grands centres de population.

On peut attirer à l'agriculture une plus grande quantité de bras que celle qu'elle emploie actuellement ; les ouvriers des champs sont trop peu nombreux, en les augmentant on augmentera les produits qui en moyenne sont insuffisants, on sera dispensé de tirer le complément de l'étranger et de priver ainsi le pays d'une certaine quantité de numéraire ; on améliorera l'existence matérielle d'un grand nombre de citoyens qui n'ont pas une nourriture suffisante. Toutefois je dois ajouter que l'abaissement du prix des grains qui résultera de l'augmentation des récoltes, s'il doit accroître le bien être de tous les consommateurs, pourrait être une cause de ruine pour les chefs de culture qui, tels que les fermiers, ne sont pas placés dans des conditions très-favorables ; aussi le devoir de l'Etat est-il de présenter aux cultivateurs des avantages tels que cet abaissement de prix se trouve largement compensé.

On a employé pour encourager l'agriculture des moyens non-seulement insuffisants, mais encore d'une nature souvent inefficace ; on a créé des prix pour la course des chevaux ; le résultat obtenu a été de déterminer quelques citoyens riches à élever des chevaux dont un grand nombre sont incapables de tout autre service que de fournir

une course forcée de quelques minutes, et de donner des produits
de leur espèce; on a créé des primes d'encouragement pour l'élève
des bestiaux; ces primes données à de beaux produits élevés à grands
frais, d'une nature souvent incompatible avec le pays où on les a
importés, ne tentent pas les cultivateurs sérieux, qui veulent que la
valeur de leurs élèves soit en rapport avec les dépenses qu'ils exigent;
ceux là seuls recherchent ordinairement ces primes, qui ne craignent
pas de faire de grands sacrifices pour mériter des distinctions hono-
rifiques; aussi il est fréquent de voir de riches cultivateurs se ruiner
en obtenant les récompenses qui semblent offertes aux plus habiles.
Pour favoriser l'agriculture, on ne doit pas compter sur ces petits
moyens; il faut que la protection offerte aux habitants des compagnes
contrebalance les ressources et les jouissances par lesquelles le séjour
des villes les attire.

Un certain nombre de communes possèdent des forêts; le produit
en est en partie employé à supporter les charges de l'administration
locale, l'excédant est partagé entre les habitants; c'est une grande
source de bien-être qui tend à retenir les ouvriers dans les campagnes, et qu'on doit chercher à étendre à toutes les communes rurales. Celles qui ne sont avoisinées que par des champs ne pourraient
pas être propriétaires de terres, sans qu'il en résultât une diminution
dans la production générale, parce que les terres arables rendent plus
par la gestion des particuliers que par celle des administrateurs; on
peut chercher alors à constituer à ces communes des revenus en argent qui leur permettent au moins de supporter sans contributions
les dépenses municipales. Les villes ont des ressources dans les droits
d'octroi qu'elles font payer en grande partie aux habitants des campagnes qui apportent leurs récoltes et leurs bestiaux; ces droits, il
est vrai, pèsent sur les acheteurs; mais ils sont aussi incontestable-
ment onéreux aux vendeurs, qui n'en tirent aucun bénéfice; on doit
à ces derniers des compensations.

Les chemins vicinaux qui servent à transporter les céréales dans
les villes sont très-importants à l'agriculture; on n'obtient de bons
résultats pour leur construction, leur amélioration et leur entretien,
que lorsque les communes ont des fonds disponibles à cet usage;
les corvées que l'on emploie faute de fonds sont très-vexatoires pour
les habitants et produisent très-peu; les revenus des communes rurales doivent être assez forts pour supporter sans difficulté cette dépense.   •

Des cultivateurs peu aisés, poussés par un désir exagéré de la propriété, achètent souvent des champs sans avoir les sommes néces-

saires pour les payer ; aux échéances, ils empruntent à des usuriers qui les ruinent, les réduisent à vendre non-seulement les champs qui sont causes de leur gêne, mais encore ceux qu'ils possédaient auparavant ; d'autres, pressés par le besoin d'argent à l'époque de la moisson, s'empressent de vendre à bas prix leurs récoltes sur lesquelles des spéculateurs font de grands bénéfices. La plupart de ces cultivateurs présentent des garanties ; des banques agricoles seraient pour eux d'un grand secours sans être onéreuses à l'Etat.

Presque partout les bestiaux manquent, la culture en souffre par défaut d'engrais, la viande est très-rare ; son prix élevé rend dispendieuse l'existence de tous les citoyens. Que l'Etat achète des troupeaux, qu'il les afferme à cheptel aux cultivateurs moyennant une légère redevance sous la surveillance et la responsabilité des administrations des communes, ou qu'il avance à faible intérêt, également sans garantie, les capitaux dont l'absence s'oppose à l'accroissement du bétail ; l'agriculture et toute la population lui devront un grand bienfait.

Si les simples travailleurs font défaut à la terre, les chefs de culture ou ceux qui aspirent à l'être ne manquent pas : leur nombre a développé une concurrence telle que malgré les charges résultant de l'augmentation du salaire des manœuvres, les fermages se sont élevés dans certaines localités à des prix très-hauts qui laissent souvent à peine au fermier la faculté de vivre. L'Etat détruirait l'exagération de cette concurrence en défrichant les parties du sol de la France encore incultes, qui peuvent être livrées à la culture sans de trop grands frais, en organisant l'exploitation d'une grande partie du territoire de l'Algérie, qui exigerait peu de dépenses pour être d'un bon rapport : ces extensions de la culture augmenteraient considérablement les produits et par suite le bien-être général. Les défrichements devraient être exécutés aux époques où l'industrie laisserait des ouvriers sans occupations, il serait un grand moyen de régularisation du travail.

De l'Exploitation du sol de l'Algérie.

L'organisation de la culture en Algérie est une question d'une haute importance ; les terres de ce pays sont généralement très-productives, les Arabes en remuent légèrement la surface une seule fois par année avec de mauvaises charrues, et ils en obtiennent de magnifiques récoltes. Le seul travail de défrichement qu'il serait convenable de faire sur une partie du sol Africain, dont cependant les

Arabes se dispensent, consisterait à déraciner quelques buissons qui peuvent être employés à la combustion, et dont la valeur couvre quelquefois les frais de défrichement. Un grande partie des terrains est facile à arroser par suite de la pente rapide de la plupart des rivières, les irrigations produisent une fertilité prodigieuse, des rigoles peu profondes suffisent pour les organiser, et il faut certainement que ces rigoles exigent peu de travail, pour que les Arabes, grands appréciateurs du repos, se décident à creuser toutes celles qui sillonnent les territoires habités.

Malgré tous ces avantages naturels, l'agriculture européenne a fait peu de progrès en Algérie, d'abord parce que l'occupation n'est bien assise que depuis très-peu de temps, que jusqu'à cette dernière année on ne jouissait pas de la sécurité nécessaire aux cultivateurs, ensuite parce que les essais ont été faits généralement dans de mauvaises conditions. Un grand nombre des colons qui ont obtenu des concessions étaient dépourvus d'argent, de connaissances agricoles, d'ardeur pour le travail. Quelle que soit la richesse du sol, il faut que le cultivateur qui s'installe en Afrique ait les fonds nécessaires pour se construire une maison, pour se pourvoir de matériel de culture, de bétail, pour défricher, enfin pour attendre les premiers résultats. Cela ne suffit pas, il faut qu'il ait la pratique de la culture, qu'il travaille activement; car on voit en France des propriétaires placés dans les meilleures conditions se ruiner par défaut de ces qualités, en cultivant eux-mêmes d'excellentes terres qui leur appartiennent, et qui ne sont pas grevées d'autre charge que de l'impôt. On ne doit donc pas s'étonner que des colons nécessiteux, ignorants, paresseux, n'aient pas réussi, malgré les quelques avances dont l'État leur a fait don; on doit admirer au contraire que quelques hommes arrivant sans ressources pécuniaires, légèrement aidés des deniers de l'Etat, aient pu vaincre les difficultés et créer des établissements. Quelques colons qui possédaient des capitaux, ont mis en culture de grandes surfaces; parmi eux ceux-là seuls ont réussi, qui étaient capables d'une excellente administration; la grande culture rencontre actuellement en Afrique, dans l'élévation des salaires des ouvriers, une difficulté très-grave qu'on évite dans la culture restreinte, qui peut être exécutée par une famille de cultivateurs produisant par elle-même à peu près tout le travail nécessaire à son exploitation.

Le meilleur moyen d'organiser la culture en Algérie, est d'y attirer, par des avantages suffisants, un certain nombre de bons cultivateurs de France que la propriété n'attache pas au sol, qui y exploitent des terres prises à bail. La concurrence que les fermiers se font entre eux rend leur position très-difficile, en élevant le prix des loyers; poussés par le désir de sortir de cette position, poussés par l'ambition de devenir propriétaires, un certain nombre d'entre eux se détermineraient facilement à se transporter en Afrique, si on leur offrait les moyens de s'installer dans des concessions dont on les rendrait possesseurs; il ne serait certainement pas nécessaire que ces moyens fussent bien complets, c'est-à-dire que les colons trouvassent de prime abord les avantages dont jouissent les propriétaires les plus aisés; un défrichement restreint, une habitation modeste, les premiers bœufs nécessaires au labourage, quelques instruments, des avances pour vivre en attendant les premières récoltes, suffiraient pleinement. Après leur installation, les colons agrandiraient eux-mêmes leur culture, compléteraient leurs maisons, élèveraient des troupeaux, et bientôt leur sort deviendrait prospère. L'agriculture est si avantageuse pour une famille de cultivateurs formés, qui l'exécute avec ses propres bras, sur des terres qui lui appartiennent! Elle vit d'une fraction de ses produits et presque tout le reste est bénéfice pour elle.

Si on présentait ainsi aux cultivateurs-fermiers de la mère-patrie la perspective d'une installation convenable dans des terres qu'on leur concéderait, sans doute, au lieu de ne trouver comme actuellement que des hommes qui n'ont su réussir nulle part, on rencontrerait un grand nombre de prétendants et des plus capables : des conseils seraient établis dans les départements pour désigner ceux qui présenteraient le plus de garanties de réussite.

Cette pensée de livrer le sol de l'Algérie par petites portions à des familles devant le cultiver de leurs mains, et de faire des avances à ces familles a été conçue et mise en pratique par M. le maréchal Bugeaud; si son succès n'a pas été complet, c'est d'abord parce que les dépenses faites pour les colons n'ont pas été assez larges, c'est ensuite parce que M. le maréchal, dans son affection paternelle pour ses troupes, a choisi pour placer dans ces établissements, des soldats dont l'éducation agricole s'est trouvée insuffisante, et qui n'ont pas pu, dans leur position, trouver à épouser des femmes convenables à une exploitation rurale. Sans doute ces soldats méritaient des récompenses pour leur conduite militaire; mais il eut été à désirer que ces récompenses fussent d'une autre nature, que les avantages présentés dans les établissements agricoles fussent assez grands pour déterminer un certain nombre des cultivateurs de France à les désirer, et qu'on eût choisi parmi eux ceux qui auraient présenté le plus de garanties de succès.

Le défaut de dispositions du gouvernement à fournir les sommes nécessaires à l'établissement de familles de cultivateurs, a suggéré à quelques personnes la pensée de remettre le sol par grandes surfaces à des compagnies ou à des particuliers, qui au moyen d'avances suffisantes auraient établi un certain nombre de fermiers, et qui seraient rentrés dans leurs fonds par un revenu perçu sur les fermiers. Cette pensée n'est pas praticable ; en Algérie l'intérêt de l'argent prêté est au taux de dix pour cent, on n'en place en spéculations que dans l'espérance qu'il rapportera davantage ; il est impossible que des avances puissent être faites dans ces conditions à des cultivateurs sans les accabler : si on avait trouvé des compagnies et des fermiers, c'eût été un malheur, l'agriculture qu'on aurait ainsi formée se serait éteinte aussitôt après être née : l'Etat seul peut fournir des capitaux dont le but principal sera une amélioration dans la prospérité publique, et dont l'emploi sera de nature à ne donner qu'un revenu modéré, qu'on ne doit percevoir qu'après un certain nombre d'années.

Les frais d'installation des cultivateurs que je propose d'attirer en Algérie devraient être à la charge de l'Etat, qui plus tard rentrerait dans ses avances par les impôts que fourniraient dans l'avenir les cultivateurs installés ; on pourrait en outre pour les terres les plus avantageuses imposer aux concessionnaires la condition de payer, après un certain nombre d'années, un revenu annuel, dont ils auraient la faculté de se libérer en versant au trésor le capital correspondant : les avantages à faire aux colons doivent être assez grands pour déterminer l'émigration d'un nombre suffisant de bons cultivateurs ; mais ils ne doivent pas dépasser ce terme.

Les défrichements des terres de l'Algérie et la construction des maisons de cultivateurs devraient être exécutés en général, comme je l'ai dit, aux époques où l'industrie privée laisse en France le plus d'ouvriers en chômage ; les travailleurs seraient transportés aux frais de l'Etat, comme il est pratiqué pour les soldats ; après leur arrivée il serait également pourvu à leur nourriture et à leur logement de la même manière que pour les troupes, il leur serait attribué en sus un salaire proportionné au travail qu'ils exécuteraient [1] : plus tard,

[1] Les salaires, en y comprenant la nourriture et le logement, devraient être, pour les ouvriers de même espèce, plus élevés que ceux des constructions publiques qu'on exécuterait en France, de manière que les travailleurs d'Afrique eussent le nécessaire (dans l'acception convenable de ce mot), en travaillant comme ils devraient ; ainsi réglés, ces salaires suffiraient pour attirer les ouvriers célibataires valides qui demanderaient sincèrement de l'ouvrage, et un certain nombre d'hommes mariés ; le reste de ces derniers

après l'installation complète des cultivateurs, la présence d'un grand nombre de défricheurs diminuerait le prix de la main-d'œuvre, de sorte qu'ils pourraient alors être utilisés avantageusement dans les exploitations rurales [1]; le nombre assez étendu des cultivateurs en abaissant le prix des consommations, rendrait les salaires suffisants au simple ouvrier, quoique réduits; enfin les choses fonctionneraient comme en France, sauf que l'agriculture serait plus prospère n'étant dirigée que par des propriétaires. Malgré ces émigrations, la mère-patrie conserverait assez de cultivateurs, surtout en favorisant l'agriculture, comme je l'ai dit; il resterait assez d'ouvriers pour les manufactures, puisque ces établissements, qui en occupent énormément aux époques de prospérité, les abandonnent dans les crises : l'industrie serait obligée de se régler, elle pourrait en moyenne, avec les bras qui lui resteraient, faire la même quantité de produits, mais elle ne

trouverait de l'occupation dans les travaux publics les plus rapprochés des résidences individuelles : on présenterait ainsi des moyens d'existence à tous les individus qui ne seraient pas souffrants ou âgés (en supposant toujours, bien entendu, que des mesures générales eussent été prises pour que les ouvriers en chômage ne fussent jamais bien nombreux), les invalides seraient secourus sans exigence de travail. L'État remplirait ainsi ses devoirs envers tous; il ne pourrait pas faire plus pour les ouvriers en chômage, sans injustice pour les manœuvres de la culture en France, auxquels on ne parviendra jamais à donner au delà du nécessaire. Envers les ouvriers qui dédaigneraient ces moyens d'existence, et qui chercheraient à obtenir par la force un sort plus doux, la seule mesure juste à employer serait la répression.

[1] Des conseils seraient établis en Afrique, pour désigner après des épreuves suffisantes ceux des travailleurs qui ne devraient pas rester simples ouvriers, qui seraient assez actifs, qui auraient acquis assez de connaissances pratiques, pour être capables d'exploiter une concession; on leur remettrait des maisons, des terres, du matériel; mais si on se laisse aller aux illusions des ouvriers étrangers à la culture ou inhabiles, qui pensent que lorsqu'ils auront un établissement, ils se formeront d'eux-mêmes à l'agriculture, si on donne des concessions avec frais d'installation de culture, à tous ceux qui en demanderont, l'inactivité et l'incapacité qui ont été les principales causes de l'insuccès de la plupart des tentatives agricoles en Algérie, rendront improductives à peu près toutes les dépenses; on n'arrivera guère qu'à reproduire sur une plus grande échelle ce qui a été fait en petit, et la France, après avoir fait de grands sacrifices pour n'obtenir que de minces résultats, renoncera à de nouveaux essais. La société doit le travail aux ouvriers, mais elle ne leur doit pas des maisons; s'il y a lieu d'en donner à quelques-uns, ce n'est qu'à condition qu'ils pourront rendre ultérieurement au pays par l'impôt, par la prospérité de la colonisation, ce qu'ils auront reçu. En n'accordant des concessions que provisoirement, sans conditions, on ne se réserverait qu'un remède illusoire; actuellement que le nombre des concessionnaires n'est pas encore très-élevé, lorsqu'après avoir fait quelques travaux, ils laissent inexécutées la plupart des conditions, on les menace de la dépossession, mais on recule souvent indéfiniment devant cette mesure pénible; lorsqu'on aura une masse imposante de concessionnaires dans le même cas, la dépossession sera impraticable. (Cet opuscule a été écrit avant la présentation de la loi qui accorde cinquante millions pour la colonisation; après avoir lu la loi et la discussion, tout en me réjouissant de voir les efforts faits pour donner du travail aux ouvriers et coloniser l'Algérie, il m'a semblé que les dispositions de détail laissaient à désirer, c'est ce qui a donné lieu à cette note.)

pourrait plus tant exécuter subitement et chômer ensuite. Cette régularisation serait un bien immense pour l'organisation générale du travail.

L'émigration que j'indique est éminemment utile; la population croît incessamment en France, surtout la partie qui ne possède pas, et il devient de plus en plus difficile de faire vivre constamment les ouvriers du produit de leur travail. Cette émigration est en outre nécessaire à l'exploitation du sol nouvellement conquis. Quelques économistes, qui s'inquiètent peu des moyens d'existence des ouvriers, et qui désirent voir leur nombre s'augmenter indéfiniment, afin de diminuer par la concurrence le prix de la main-d'œuvre et par suite celui des produits de l'industrie, seront peut-être portés à repousser cette idée de réduction de population; mais ils devront reconnaître qu'elle est utile, si dans leurs calculs d'égoïsme ils font entrer en compte la sécurité dont jouira la société, et que l'on n'obtiendra jamais, tant que tous les citoyens n'auront pas leur existence assurée à l'aide de leur travail.

La société doit venir en aide à l'installation des émigrants, l'humanité lui en fait un devoir. En Allemagne une foule d'habitants rejetés par la misère qui résulte d'un excédent de population, ou d'une mauvaise administration de la richesse générale du pays, vont sans ressources chercher sur d'autres continents des moyens douteux d'existence, et la plupart ne trouvent qu'une misère plus profonde au terme de leur voyage : la France ne doit pas imiter cette cruelle incurie des gouvernements voisins.

Je ne propose pas que les ouvriers qui seront envoyés en Algérie soient privés de la liberté de rentrer en France; qu'on leur donne, au contraire, s'ils le désirent, après un séjour convenablement prolongé, les moyens de voyager qui sont fournis aux soldats : ces moyens sont peu dispendieux pour l'Etat, ils sont suffisants pour celui qui n'est pas poussé par un léger caprice, qui a un besoin réel de faire un voyage et qui ne recule pas devant quelques fatigues.

Des Etablissements de Bienfaisance.

Je ne me suis occupé jusqu'ici que des ouvriers capables de travailler; quant à ceux qui se trouvent dans l'incapacité de produire pour quelque cause que ce soit, la société ne doit pas les abandonner: des hospices existent dans la plupart des villes; qu'on en établisse dans toutes, et qu'on en étende autant que possible le bienfait aux campagnes, ou qu'on vienne au secours des malades indigents, qui restent dans leur chaumière, au moyen des fonds municipaux. Que les maisons de refuge pour les vieillards soient multipliées, qu'on leur fasse dans ces établissements une existence supportable, mais pas assez douce pour être un encouragement à l'imprévoyance des ouvriers ; que ces derniers puissent au contraire aspirer à une vieillesse plus agréable et plus indépendante, en se réservant sur leur travail des économies pour l'avenir : pour les enfants qu'on multiplie les crèches, les salles d'asile. La bienfaisance privée est souvent insuffisante pour ces créations, l'Etat doit lui venir en aide par des allocations de fonds.

Des Moyens financiers d'organiser le travail.

Dans mes réflexions sur les moyens d'assurer le travail, je ne crois pas m'être laissé aller aux rêves de jouissances et d'oisiveté, dont les flatteurs ont bercé les ouvriers, je ne demande que le nécessaire ; cependant ce que je demande est de nature à imposer de grands efforts au pays. Pour que l'Etat puisse, aux époques de crise, faire des constructions, des défrichements, soutenir le crédit par ses capitaux, il faut qu'il jouisse d'une grande prospérité financière ; il ne peut l'obtenir que par un accroissement du budget des recettes annuelles, ou par une diminution de celui des dépenses ; je pense qu'il doit employer l'un et l'autre de ces moyens.

Une grande prospérité dans les finances publiques est avantageuse à toutes les classes de la société, les travaux que j'ai indiqués seront d'une utilité générale, l'Etat, en soutenant le crédit quand il tombera, favorisera aussi bien le riche que le pauvre ; cependant je ferai voir que de nouveaux impôts dans le but de constituer cette prospérité, lors même qu'ils ne seraient profitables qu'aux ouvriers, seraient réclamés par l'équité ; je montrerai ensuite qu'en les établissant avec mesure, suivant les circonstances, ils n'apporteront pas d'obstacle à l'agriculture et au développement convenable de l'industrie.

De la Justice d'un impôt pour l'organisation du travail.

Pour prouver qu'il est juste que la richesse générale vienne au secours du travailleur, j'entrerai dans quelques considérations sur les sources dont elle découle.

Les productions que l'homme obtient du sol pour sa consommation sont généralement dues au concours de deux causes distinctes, la faculté que la terre possède de produire et le travail de l'homme :

ces deux éléments entrent d'une manière variable dans la valeur des produits. Le bois coupé dans la plupart de nos forêts, qui ne sont que les forêts vierges d'autrefois, dans lesquelles on a fait des coupes plus ou moins réglées, n'exige et n'a exigé qu'une faible dépense de main-d'œuvre et d'administration, sa valeur est principalement le résultat de la faculté productive du sol; il en est de, même du fourrage récolté dans un grand nombre de nos prairies. La valeur des céréales tient en plus grande partie au travail de l'homme; souvent les champs qni les produisent ont exigé autrefois un défrichement laborieux, ils demandent constamment une administration habile, un travail considérable de labourage, des semences, une main-d'œuvre coûteuse pour la récolte : cependant, malgré tous ces frais, la faculté productive du sol entre d'une manière assez large dans la valeur des céréales; le revenu que le propriétaire d'une terre reçoit de son fermier représente seulement, 1º la faculté productive du sol, 2º le travail d'administration du propriétaire, 3º la main-d'œuvre que le défrichement a exigé autrefois; il suffit de faire voir que les deux derniers de ces éléments coopèrent d'une manière légère, pour pouvoir conclure que le revenu du propriétaire est dû en grande partie au premier : or, les propriétaires qui veulent jouir d'une oisiveté complète, ou que d'autres occupations appellent loin de leurs terres, remettent le travail d'administration à des chargés d'affaires, moyennant une légère fraction de leur revenu; quant aux frais primitifs de défrichement, pour quelques parties du sol, sans doute, ils ont été considérables, mais pour la majeure partie du territoire cultivé, qui présente une couche végétale franche suffisante, ils ont dû être minimes. Qu'on suppose les terrains de la Beauce, de la Brie, de la Lorraine et autres à leur état primitif, avec les plantes sauvages, les arbres, les arbustes qu'ils devaient porter, on doit convenir que dans cet état ils auraient une grande valeur, une valeur supérieure peut-être à celle qu'ils possèdent, si on tient compte des produits que fourniraient les défrichements, ils se trouveraient en partie dans le même cas que certaines de nos forêts qu'on livre à la culture et qui ont moins de prix après l'exploitation du bois qu'auparavant [1] : la valeur

---

[1] Je ne pense pas qu'on me fasse l'objection que les bonnes terres d'Afrique, qui sont dans l'état que j'indique, n'ont qu'une valeur de vente assez faible. En général, la valeur de vente des terres dépend essentiellement du nombre des habitants relativement à la surface du sol; elle est nulle dans les pays inhabités, faible dans ceux qui sont peu peuplés et très-élevée dans les localités à grande population : une terre de la Beauce en bon état, qui se trouverait transportée dans l'intérieur de l'Afrique, n'aurait qu'un prix très modeste.

des terres labourables et par suite le revenu du propriétaire, lorsqu'elles sont affermées, résultent donc en grande partie de la faculté
productive du sol. Les maisons sont presque entièrement le produit
du travail, le terrain sur lequel on les a bâties entre généralement
assez faiblement dans le prix, les matériaux, considérés avant leur
extraction des carrières, ont peu de poids dans la dépense; c'est
donc à la main-d'œuvre surtout qu'est dû le revenu des constructions. Pour les meubles, le plus souvent leur valeur n'est guère que
celle de l'industrie qu'on a apportée dans leur fabrication. Ainsi les
objets qui constituent la richesse générale sont dus à deux causes
coopérant d'une manière variable, le travail, et la faculté productive
du sol.

Les principes généraux de la distribution de la richesse sont :
1º que le produit du travail de l'individu appartient à l'individu, qui
a le droit de le transmettre à sa descendance, 2º que la faculté productive du sol, qui contribue à fournir chaque année les objets de
consommation, a été donnée aux hommes par Dieu, afin que tous
pussent se nourrir avec le concours de leurs bras, sans qu'une génération puisse avoir la faculté de priver une des générations sui-
vantes de son droit au don de Dieu[1].

Dans les parties du monde où la population est très-faible relativement à la surface du sol, les principes que je viens d'énoncer sont
faciles à mettre en pratique; chacun peut occuper la terre qu'il est
susceptible de cultiver, en laissant aux autres toute la surface qui
leur est utile; chacun peut obtenir une part de la faculté productive
du sol aussi grande qu'il le désire : la récolte obtenue par le cultivateur est alors entièrement à lui, les meubles qu'il confectionne par
son travail, avec les produits que lui fournit le sol, doivent être sa
propriété absolue. Le gouvernement sous les lois duquel il vit ne
peut exiger de lui que les impôts nécessaires à la conservation de la

---

[1] Les partisans du droit absolu sur la propriété avec faculté d'user et d'abuser, ont nié
la redevance du propriétaire du sol envers ceux qui ne possèdent pas; les uns ont dit
que la valeur de la terre était toute dans le travail de défrichement qui lui avait été
appliqué; il suffit de citer les forêts non plantées pour faire tomber ce raisonnement;
d'autres ont avancé que la valeur des terrains bruts avait dû rentrer dans les coffres de
l'Etat par la somme des impôts annuels payés successivement; il suffit de répondre à
cette objection, que les impôts payés ne constituent pas plus un droit absolu aux propriétaires, que des fermages payés pendant de longues suites d'années ne peuvent donner droit de possession aux fermiers; pour un grand nombre d'immeubles, l'impôt
annuel n'est pas assez élevé pour représenter le revenu du sol brut, en outre son produit
a été généralement employé pour le bien-être et la sécurité des contribuables, on ne
peut donc pas dire qu'il ait amorti la dette de la propriété envers ceux qui ne possèdent pas.

société, par suite à la sienne propre, et ceux que réclame l'alimentation des individus incapables de travailler, que l'humanité fait un devoir de nourrir.

Dans les Etats peuplés comme ceux de l'Europe, il est très-difficile de régler la distribution et le mode d'occupation du sol, de manière à satisfaire rigoureusement aux droits de chacun. Sans doute, l'organisation actuelle de la société n'est pas une solution complète de cette question; mais les systèmes qu'on a proposé d'y substituer sont inadmissibles. Lors même que les propriétaires n'auraient pas sur leurs terres des droits acquis, soit par un travail appliqué directement à ces terres, soit par l'achat au moyen de valeurs résultant du travail, lors même que le sol n'appartiendrait à personne, une loi agraire qui le partagerait entre les citoyens ne serait pas une solution, puisque dans l'avenir la différence d'accroissement dans les familles, la mauvaise gestion de quelques-uns rétabliraient l'état de choses actuel. L'occupation fraternelle en commun ne serait pas plus acceptable, au moins jusqu'à transformation complète du cœur humain; actuellement, dans les familles, il est souvent nécessaire que les biens laissés par les ascendants soient partagés immédiatement, pour éviter les luttes déplorables qu'entraînerait la communauté entre frères; le communisme, qui ne peut être admis avec justice qu'autant que ceux qui possèdent justement sont disposés à partager avec ceux qui ne possèdent pas, ne devra être mis en pratique que lorsque tous les citoyens se sentiront liés par des sentiments d'affection plus vifs que ceux qui unissent actuellement les frères. L'école phalanstérienne n'est pas non plus compatible actuellement avec le caractère de l'homme : sans parler des principes de morale de cette école, qui nous répugnent profondément, que rejettent la plupart même de ceux qui croient trouver de grandes idées dans Fourrier, et qu'admettent seulement les apôtres enthousiastes, qui nous déclarent que notre répulsion vient seulement du peu d'avancement de l'intelligence humaine; en ne considérant que l'idée d'association, l'expérience et le raisonnement prouvent qu'elle n'est pas applicable dans des limites beaucoup plus larges que celles de la pratique actuelle [1]. Si le sol était disponible, un moyen de faire jouir tous les citoyens de la faculté productive du sol, serait de faire de l'Etat le seul propriétaire foncier, d'affermer les terres en son nom, et de distribuer le revenu entre tous, après en avoir prélevé une partie comme impôt personnel. Ce moyen serait sans difficulté applicable

[1] Voir la note à la fin de l'opuscule.

aux forêts, pour une partie desquelles il est réalisé, (sauf que les forêts comportent l'adjudication des produits sur pied au lieu de l'adjudication du sol en fermage); mais il présenterait de graves inconvénients pour la culture des terres en céréales; la production du sol se trouverait considérablement amoindrie, 1° pour les terres actuellement cultivées par leur propriétaire, parce que la culture par le propriétaire produit généralement plus que la culture par le fermier; 2° même pour les terres livrées à ferme par leur propriétaire, parce que les propriétaires choisissent de bons fermiers avec un soin intéressé qu'on ne pourrait pas attendre des employés de l'Etat, qu'ils font les réparations aux maisons d'exploitation, les améliorations au sol lorsqu'il y a lieu, d'une manière moins dispendieuse que ne ferait l'Etat; la production générale se trouverait amoindrie, surtout parce que la faculté d'acquérir est pour un grand nombre de citoyens une puissante excitation au travail, et qu'en la réduisant aux biens meubles elle se trouverait beaucoup trop restreinte. La diminution de la production serait un pas en arrière dans l'organisation des moyens de satisfaire au droit de vivre.

Ainsi, lors même que le sol n'appartiendrait actuellement à personne, la nécessité d'organiser la société avec justice, d'une manière durable, la condition d'obtenir une production générale abondante, exigeraient qu'on en constituât une partie en propriété privée : les droits acquis par le travail s'ajoutant d'une manière imposante à ces considérations, on doit conclure que la propriété telle qu'elle est constituée et qui est une des bases de la société actuelle, doit être respectée.

La bonne organisation de la société, l'équité, exigent le maintien de la propriété; mais ceux qui possèdent n'en ont pas moins envers ceux qui ne possèdent pas la redevance d'une partie de la faculté productive du sol; c'est cette redevance que je propose de réaliser par un impôt pour l'organisation du travail [1]. Si quelques-uns de ceux qui possèdent objectent qu'ils ont acheté leurs propriétés au moyen de valeurs entièrement acquises par leur travail, qu'ils ne doivent que les impôts dont ils tirent profit; je leur répondrai que le droit de vivre est imprescriptible, que la part de la force productrice du sol nécessaire pour assurer ce droit est inaliénable. Autrefois des hommes avaient acheté la liberté d'autres hommes en la payant du produit de leur

---

[1] Je ne considère pas les impôts ordinaires comme contribuant à l'organisation du travail, parce que leur emploi à des époques mal choisies, est une des causes de désorganisation, ainsi que je l'ai fait observer; et que pour modifier le choix des époques il faut à l'Etat une prospérité financière qui exige de nouveaux impôts.

travail, cependant on a émancipé les esclaves, parce que nul n'a le droit de s'emparer de la liberté d'un homme : nul n'a le droit non plus de priver un citoyen des moyens qui ont été donnés par Dieu pour assurer l'existence de tous.

A ces considérations de justice, j'ajouterai qu'un impôt au profit de l'organisation du travail n'aura pas pour le contribuable lui-même un degré d'utilité moindre que les impôts actuels : non-seulement les dépenses que j'ai indiquées comme convenables à faire, augmenteront la production et par suite le bien-être de tous, riches et pauvres; mais encore on doit considérer que dans l'état actuel des choses, la lutte des ouvriers sans travail n'est pas moins à craindre que l'hostilité des nations voisines; des fonds employés à éviter les dangers intérieurs ne sont pas d'une nécessité moins urgente que ceux qui sont destinés à faire face aux dangers extérieurs; l'emploi de ces fonds, en détruisant des causes graves de troubles, permettra de diminuer l'effectif des troupes, dont une partie est nécessitée par le maintien de l'ordre.

Du principe établi que les citoyens propriétaires ont les droits à la force productrice du sol, on ne doit pas conclure que l'impôt au profit de l'organisation du travail doit peser seulement sur la propriété foncière. Il est juste que l'industrie contribue; elle a considérablement gagné à l'exécution des travaux tels que les chemins de fers, les canaux, qui ont été faits en partie sur les impôts fonciers dont une fraction représentait la force productrice du sol; en outre elle est une des causes des désordres qu'éprouve le travail en général; le remède doit être en partie à sa charge. Il est juste que le numéraire contribue; un certain nombre de citoyens ont échangé contre du numéraire, des propriétés foncières qu'ils tenaient par successions des premiers occupants, il faut que ces citoyens apportent leur tribut : il est impossible, il est vrai, de distinguer les cas où le numéraire représente seulement des droits acquis par le travail; mais on ne doit pas craindre de l'imposer, si on considère que dans l'état actuel des choses, il l'est peu ou point.

De la Manière dont l'impôt pour l'organisation du travail doit être établi.

Outre les principes d'équité, les conditions auxquelles l'impôt doit satisfaire, sont de n'enlever à aucun citoyen le nécessaire, de ne pas entraver l'agriculture et le développement convenable de l'industrie. Je vais faire voir par quels moyens, dans les circonstances ordinaires, on peut en remplissant ces conditions préparer pour l'avenir la prospérité financière nécessaire à l'exécution de tous les devoirs de l'Etat; j'examinerai ensuite quels sont ceux de ces moyens qui peuvent être mis en pratique, au moment où nous nous trouvons, pour apporter des palliatifs à la malheureuse position où nous ont laissés les gouvernements précédents.

Dans la vie des peuples, des crises politiques ou financières viennent à des intervalles plus ou moins éloignés troubler l'ordre social, détruire le crédit, arrêter le travail : ces crises sont le résultat soit d'une mauvaise administration générale, soit de la famine, soit des dissensions intérieures, soit de la guerre. Le devoir d'un gouvernement est de prévenir ces crises autant qu'il est en son pouvoir; le moyen d'y arriver est de gérer les affaires publiques avec sagesse, avec justice, avec force. Les gouvernants doivent chercher à éviter à la société toute cause de malaise pour l'avenir comme pour le présent, il faut qu'ils modèrent le crédit à l'industrie lorsqu'elle prend une extension exhubérante qui doit entraîner une réaction; sans doute ces gouvernants se priveront ainsi de la jouissance de faire croire pendant quelques jours que leur excellente administration a développé une immense prospérité; mais ils trouveront dans leur conscience, dans l'esprit des hommes éclairés, une grande récompense pour avoir évité un malheur au pays. Dans les affaires extérieures, il faut désirer la paix sans craindre la guerre, parce que des concessions trop grandes peuvent bien la retarder, mais la rendent inévitable après avoir affaibli l'Etat : il faut aussi tenir compte de l'opinion générale : on ne méprise pas les instincts généreux d'une nation dont on dirige la destinée, sans s'exposer à des luttes intérieures. Un gouvernement doit se garder de favoriser, pour faciliter sa propre marche, les citoyens en raison de l'influence qu'ils paraissent avoir; il froisse par ces faveurs la conscience publique, qui finit toujours par montrer qu'elle est une plus grande puissance politique que les influences personnelles. Enfin, un gouvernement doit se montrer vigoureux dans la répression de toutes les tentatives contre l'ordre social.

En indiquant des règles gouvernementales que je n'ai pas eu la prétention de formuler d'une manière complète, j'ai voulu seulement prouver qu'un certain nombre de crises peuvent être éloignées par une bonne administration; je pense qu'on ne me le contestera pas, mais on reconnaîtra aussi qu'il est impossible de les éviter toutes; la famine, la guerre, seront toujours des fléaux à craindre; les fausses doctrines, l'ambition de quelques citoyens, laisseront toujours à redouter des troubles intérieurs. Le devoir d'un gouvernement est de se tenir constamment prêt à pourvoir aux besoins produits par toutes les éventualités.

Le système à suivre en général pour pouvoir satisfaire à tous les devoirs de l'Etat est, dans les moments prospères, de donner peu d'extension aux travaux publics et d'établir des impôts très-élevés ; aux époques difficiles, d'activer les travaux publics et de réduire les impôts.

Le ralentissement des travaux publics dans les moments prospères ne peut avoir aucun inconvénient pour le travail général, parce qu'alors tous les ouvriers trouvent de l'ouvrage. Sous le dernier règne, lorsque l'on entassait des milliards dans les constructions, on proclamait que ces dépenses étaient éminemment utiles à la classe laborieuse, c'était entièrement faux ; ceux qui avaient à diriger ces constructions s'apercevaient bien qu'il n'y avait pas de bras oisifs, que pour obtenir des travailleurs, il fallait par des prix élevés les arracher à l'agriculture, ou les faire venir des états voisins : ces dépenses en constructions préparaient au contraire par des déplacements de populations de grands embarras pour les époques difficiles.

Dans les moments prospères de nouveaux impôts peuvent sans inconvénient être établis sur la propriété foncière, sur les capitaux et sur l'industrie.

Les propriétaires ont prétendu que les charges de la propriété foncière ne pouvaient pas être augmentées, sans qu'il en résultât une souffrance pour l'agriculture, c'est une erreur. Le sol appartient soit à des propriétaires affermant leurs terres, soit à des propriétaires cultivateurs ; l'Etat peut prélever une fraction du revenu des uns et des autres sans que l'agriculture en souffre.

Qu'on établisse un impôt sur le revenu des propriétaires livrant leurs terres à loyer, les ressources des fermiers n'en seront pas diminuées et la culture qui dépend essentiellement de ces ressources restera la même. Au renouvellement des baux, les fermages ne seront pas augmentés ; les propriétaires tirent de leurs immeubles généralement le plus qu'ils peuvent, en établissant la concurrence entre les fermiers et ceux qui aspirent à le devenir ; quand on fera peser un nouvel impôt sur leur revenu, on ne créera pour eux aucun moyen d'obtenir davantage. La réduction du revenu laissera peu à craindre que les travaux d'amélioration ou de réparation faits par les propriétaires soient diminués, si en établissant la réduction, on a égard à la position des propriétaires ; les travaux, dans les cas fréquents où ils s'appliquent aux maisons d'exploitation, sont souvent indispensables pour que l'immeuble puisse être amodié ; lorsqu'ils s'appliquent aux terres, les propriétaires s'engagent à les faire pour obtenir des fermages élevés; dans l'un et l'autre cas les propriétaires auront toujours le même intérêt à les exécuter : ceux qui sont riches se trouveront, malgré de nouvelles charges, en mesure d'en faire la dépense ; quant à ceux qui n'ont que le nécessaire, il sera convenable que l'impôt ne pèse pas sur eux [1].

L'impôt établi sur le revenu à partir d'une certaine valeur est le plus équitable et le plus conforme à la bonne organisation de la société. Il est le plus équitable, parce que celui qui n'a qu'un mince revenu dont la partie qui représente la force productrice du sol n'est que la quotité due à sa famille, n'a pas de redevance envers ceux qui ne possèdent pas ; la redevance existe dans la classe de ceux qui ont des revenus élevés. L'impôt que j'indique est le plus convenable, parce qu'imposer ceux qui ont peu, c'est leur ôter une partie du nécessaire; imposer les hautes fortunes, c'est retrancher une partie du revenu destinée à les augmenter ou destinée au luxe. L'accroissement des hautes fortunes est un malheur social qu'un gouvernement doit empêcher ; nous sommes actuellement dans une position bien meilleure que l'Angleterre, parce que chez nous la richesse générale est répartie entre un grand nombre de citoyens, tandis que chez nos voisins elle est concentrée dans les mains d'un petit nombre de privilégiés qui ont un superflu exhorbitant, à l'exclusion des masses qui sont dans la misère : nous devons faire nos efforts pour conserver et améliorer cette heureuse position. Il n'y a pas d'inconvénients à réduire le luxe par des impôts perçus aux époques de prospérité ; la jouissance de vanité qu'il donne résulte surtout de la comparaison, les dépenses se trouvant réduites pour tous les citoyens riches, la classification restera la même dans l'ordre du luxe ; le travail pour les ouvriers en objets précieux se trouvera amoindri dans les moments heureux ; ce résultat, loin d'être à craindre, est vivement désirable ; le travail en objets de luxe est le plus mal réglé, il devient extrêmement actif lorsque le bien-être général augmente, et tombe presque entièrement pendant les crises; le travail pour les objets de nécessité est au contraire à peu près continu ; les bras lui font défaut, les cultivateurs ont beaucoup de peine à se procurer des ouvriers pour les aider. Réduire le luxe qui tend à faire émigrer les habitants des campagnes,

---

[1] En répartissant l'impôt indiqué, il sera juste de tenir compte du nombre des membres de chaque famille, et d'adopter ainsi un chiffre variable pour la limite des revenus qui devront contribuer.

qui laisse ses ouvriers sans ouvrage et sans pain dans les moments difficiles, sera donc un acte de sagesse de la société.

Les propriétaires cultivateurs peuvent être imposés, non d'après le revenu brut qu'ils obtiennent, mais d'après le revenu qu'ils tireraient s'ils mettaient leurs immeubles en fermage ; l'excédant qui ne représente que le travail ne doit pas avoir de charges au bénéfice de ceux qui ne possèdent pas ; on doit en outre éviter de l'imposer, pour ne pas décourager le travail. En établissant un impôt sur le revenu des propriétaires cultivateurs à partir d'une certaine valeur, on agira avec équité, comme je l'ai fait observer en m'occupant de l'autre classe des propriétaires ; on n'apportera aucun trouble à l'agriculture, parce que le petit propriétaire cultivateur, qui a besoin de ses produits pour vivre et améliorer son immeuble, ne se trouvera pas grevé ; celui qui a des revenus plus grands, sur qui pèsera l'impôt, obtient des produits qui dépassent ce qui est nécessaire à son existence et à l'amélioration de sa culture ; il sera seulement obligé de s'étendre un peu moins par de nouvelles acquisitions.

Imposer les capitaux est une mesure juste, ainsi que je l'ai fait observer précédemment : l'impôt sur les capitalistes peut être établi d'après l'appréciation directe du revenu ; en Angleterre, l'income-tax est fondé sur cette base, et on concevra qu'elle est suffisamment solide, si on considère que dans la plupart des localités, les capitalistes ont réciproquement sur le montant de leurs revenus, des connaissances dont il est facile de profiter, tout en répartissant l'impôt comme le gouvernement britannique sur la déclaration des particuliers et le contrôle des agents de l'Etat. Sans doute ces appréciations laisseront des erreurs plus grandes même que celles qu'on fait sur l'estimation de la valeur des immeubles, qui sert de base à l'impôt foncier actuel ; mais malgré ces erreurs, il est impossible qu'on arrive à des absurdités aussi grandes que par l'impôt ordinaire, qui pèse très-fortement sur le propriétaire foncier endetté au delà de la valeur de ses biens, tandis qu'il n'atteint pas le riche capitaliste. L'impôt sur les capitalistes ne doit pas s'étendre aux revenus faibles, par les mêmes motifs que pour l'impôt sur les propriétaires, il ne doit peser sur le capitaliste fabricant que comme capitaliste, de même que le propriétaire cultivateur ne doit payer que comme propriétaire : cependant les capitalistes fabricants devront être soumis comme fabricants aux charges qu'il pourra être juste et convenable d'imposer à l'industrie.

Imposer l'industrie pour laquelle on a tant dépensé en moyens de communication est une mesure juste ; imposer l'industrie aux époques de prospérité, est une mesure sage, parce qu'alors elle tend à prendre un développement exagéré, à fabriquer bien au delà de ce qui peut être utile pour la consommation moyenne, à produire des encombrements qui entraînent des crises, parce qu'alors elle tend à attirer un excédent d'ouvriers qu'elle abandonne ensuite ; mais aux époques difficiles, ces impôts doivent être allégés ou annulés ; le vote de ces réductions par une assemblée ne pourrait pas suivre d'assez près les variations de la prospérité publique ; mais on peut laisser au pouvoir exécutif la faculté de les décider provisoirement, lorsqu'il jugera que les circonstances l'exigent. Enfin pour que ces impôts ne réduisent pas le commerce extérieur, il suffira d'établir des primes d'exportation.

En résumé, les moyens par lesquels on peut constituer la prospérité financière de l'état, sont d'établir pendant les époques heureuses, outre les impôts ordinaires, un impôt sur les revenus de la propriété et des capitaux qui dépasseront une certaine valeur, un impôt sur la fabrication, lorsqu'elle prendra trop de développement, et de ralentir en même temps les travaux de construction de l'Etat.

Ces moyens permettront d'amortir la dette publique et de former une réserve en numéraire. La dette publique est, quoiqu'on en ait dit, une des plus grandes calamités qui puissent peser sur un état. Nous sommes en position de l'apprécier, actuellement que la France ne peut plus fournir le travail et le pain aux ouvriers qu'elle a attirés dans ses ateliers de constructions ; qu'elle ne peut plus même subvenir aux autres dépenses par les recettes diminuées par la misère publique ; qu'elle est obligée d'imposer le plus fortement les citoyens, alors que leur revenu ne rentre pas, que leur travail ne produit plus ; qu'elle est obligée d'avoir recours à un emprunt extrêmement onéreux ; que par défaut de remboursement des bons des caisses d'épargne, elle discrédite cette admirable institution. Qu'on suppose notre budget annuel dégrevé des 250 millions absorbés par l'intérêt de la dette, qu'on suppose au Trésor une forte réserve en numéraire ; quelle immense amélioration n'en résulterait-il pas dans nos affaires, non-seulement par les ressources positives dont nous disposerions, mais encore par l'effet moral qu'elles produiraient ? Et si la guerre nous arrivait, comment pourrions-nous actuellement supporter ses lourdes charges ? L'imagination s'effraie d'y penser : si nous avions de l'argent, avec l'esprit militaire qui règne en France, de grandes armées seraient bien vite organisées ; mais malgré toute l'ardeur de notre jeune population, malgré l'accroissement que lui ont apporté trente années de paix, dans l'état de dénuement où nous nous trouvous, tous les efforts, tous les sacrifices possibles seront-ils suffisants pour nous donner le degré de force dont nous sommes capables ? Nos pères ont fait de grandes guerres ; mais ils avaient la ressource des biens confisqués devenus nationaux, qui ne leur était donnée qu'au prix d'un bouleversement social ; mais ils se sont aidés des réquisitions, de l'émission indéfinie des assignats, de la banqueroute même, de la banqueroute surtout ; et malgré tout cela, ils nous ont laissé une dette de plusieurs milliards. Ne les en accusons pas, ils défendaient leur indépendance ; mais pour éviter l'emploi de semblables moyens, préparons-en d'autres. On a dit que nos voisins étaient aussi embarrassés que nous dans leurs finances ; mais ils ont une grande puissance dans leur tendance à s'allier : pour nous maintenir avec la dignité qui convient à un peuple comme nous, il faut que nous soyons prêts à supporter de grandes guerres, et nous ne le serons jamais assez tant que nous n'aurons pas une grande prospérité financière.

Les partisans de la dette ont dit qu'elle donnait de la force au gouvernement établi, en lui attachant un grand nombre de citoyens ; c'est une erreur : sans doute la masse des propriétaires est une grande défense pour l'ordre social, les événements de juin 1848 l'ont prouvé ; mais la classe des rentiers à la charge du budget est une protection sans valeur. A l'époque de la révolution de février, où la lutte n'était pas contre la propriété, mais seulement contre le gouvernement, les efforts des rentiers intéressés à le maintenir, ne se sont manifestés en aucune manière.

Les partisans de la dette ont dit qu'il était juste que les générations futures prissent part aux charges de l'exécution des travaux publics dont elles profiteront ; c'est une erreur : chaque époque a ses besoins, de nouveaux travaux, de nouvelles dépenses deviendront nécessaires à ceux qui nous succéderont, parce que les intérêts se déplacent, que la civilisation fait des progrès : nous ne devons pas, en leur laissant des dettes, les mettre dans l'impossibilité de satisfaire aux besoins qui se présenteront. Ces dettes seraient surtout un grand malheur et une grande injustice, parce que nous léguons aux gouvernements futurs de grands embarras, par l'accroissement incessant de la population, et qu'il leur faudra une grande prospérité financière pour faire face à ces embarras. Une génération doit exécuter tous les travaux qui sont nécessaires au bien-être général, mais elle doit en supporter toutes les charges ; elle doit en même temps se tenir prête à pourvoir à toutes les éventualités.

Les ministres du dernier règne, pour justifier un accroissement de

600 millions à la dette publique, ont dit que les dépenses qu'ils avaient faites, avaient considérablement augmenté la prospérité générale ; pour preuve, ils ont ajouté que le revenu de l'Etat par l'impôt se trouvait augmenté, et que les ressources des particuliers étaient accrues. Sans nier l'influence des dépenses publiques, on doit admettre que le travail et les capitaux privés ont puissamment contribué au bien-être dont on a joui ; à l'appui je citerai l'agriculture à laquelle l'émigration des ouvriers, résultant d'une mauvaise administration générale, a fait plus de mal que les constructions publiques et les encouragements du gouvernement n'a pu apporter de bien, et qui cependant, sans avoir atteint le développement nécessaire, a prospéré. En examinant les constructions du dernier règne, on doit reconnaître qu'il y en a un grand nombre dont les avantages ne compensent pas les dépenses faites, que l'industrie n'y a pas gagné en développement ce que l'Etat y a perdu en finances. Si ces travaux n'avaient pas été exécutés, l'industrie n'aurait pas tout-à-fait atteint cette prodigieuse extension que nous lui avons vue, la prospérité momentanée dont nous avons joui serait arrivée à un degré un peu moindre ; mais actuellement l'Etat serait embarrassé d'un moindre nombre d'ouvriers, il aurait des capitaux de plus. Et les emplois nombreux qui ne paraissent avoir été créés que pour donner plus d'influence aux gouvernants en mettant à leur disposition un plus grand nombre de traitements à donner, étaient-ils une dépense bien utile ? Qu'on admette encore si on veut que les deniers publics ont été toujours bien employés, les gouvernements précédents sont alors blâmables de ne pas avoir égalisé leurs ressources à leurs dépenses par une augmentation d'impôts : de toute manière ils ont eu tort de sacrifier l'avenir au présent.

En formant une réserve de numéraire, pour ne pas priver la circulation, de ce numéraire, et l'Etat, du revenu des capitaux qui resteraient inactifs dans ses caisses, on pourrait émettre une quantité équivalente de papier-monnaie dont la valeur serait employée à acquérir des forêts pour le Domaine public. Les causes qui, à d'autres époques, ont discrédité le papier-monnaie, sont la situation déplorable des finances, une émission indéfinie dépassant la valeur des propriétés de l'Etat : on devrait prendre des dispositions pour que les émissions ne pussent pas excéder le prix des immeubles publics, par exemple, émettre au nom de chaque terre du Domaine un certain nombre de billets numérotés équivalent à la valeur de la terre : le papier, ainsi établi, ne pourrait pas être discrédité ; d'une part la prospérité des finances assurée pour le présent et pour l'avenir, de l'autre la restriction des émissions à la valeur des propriétés de l'Etat, seraient des garanties complètes pour sa circulation.

Au moyen des nouveaux impôts indiqués et du ralentissement des travaux publics, lorsque les affaires seront rétablies, le gouvernement pourra protéger l'agriculture, tout en constituant la prospérité financière ; suivant le degré d'avancement de cette grande œuvre, lorsqu'après une série d'années heureuses, une crise surviendra, il se trouvera de plus en plus en mesure d'en affaiblir les désastres, en étendant ses ateliers de construction, en faisant faire des défrichements, en ranimant le crédit par ses capitaux : un gouvernement est appelé à être le grand régulateur des choses sociales, son devoir est de soutenir constamment le bien-être général, et les dispositions que j'indique sont un moyen sûr d'y arriver. En les adoptant l'Etat parviendra non-seulement à faire vivre tous les citoyens, mais encore il arrivera à être toujours prêt à faire la guerre, quelque grave qu'elle soit, sans être plus porté à la rechercher, et la France sera ainsi toujours grande et forte.

Les impôts que j'indique pèseront sur le superflu, ceux-là seuls le contesteront qui, par une futile discussion de mots, prétendent que le superflu n'existe pas, et que pour un certain nombre de citoyens le luxe rentre dans le nécessaire. Il m'est difficile de préciser à quel chiffre cet impôt devra s'élever annuellement ; mais je pense que pour produire des résultats suffisamment rapides, pour permettre d'amortir la dette dans le courant d'une quinzaine d'années heureuses, et de prendre ensuite d'autres mesures pour porter les finances à un plus haut degré de prospérité, il ne devra pas être moindre de 300 millions.

Des Mesures financières à prendre dans la crise actuelle.

A l'époque d'une crise semblable à celle qui a suivi la révolution de février, dans l'Etat de souffrance où se trouvent les finances, il est impraticable d'obtenir de grandes ressources, et par suite d'organiser le travail d'une manière bien complète ; un certain nombre de propriétaires ne sont pas payés par leurs fermiers ou locataires, ils ont de la peine à vivre, il est impossible d'augmenter leurs charges : l'industrie manque de capitaux pour produire, des impositions ne feraient que retarder le moment où elle se relèvera ; les contributions indirectes fournissent peu ; l'emprunt ne peut être opéré qu'à des conditions très-onéreuses pour l'Etat. C'est précisément pour ces motifs que l'organisation du travail d'une manière continue exige d'excellentes finances préparées pendant les époques prospères ; c'est pour ces motifs que l'administration des gouvernements précédents est un malheur profondément déplorable ; cependant les maux de la crise actuelle ne sont pas sans palliatif possible. Un certain nombre de propriétaires, de capitalistes, de fonctionnaires touchent encore des revenus considérables, pendant qu'une foule de citoyens manque de pain par défaut de travail : rien n'empêche d'établir un impôt sur les revenus, à partir d'une certaine valeur, et de faire exécuter sur cet impôt des travaux de construction et de défrichement, qui feront vivre un grand nombre de malheureux. J'ai déjà prouvé qu'un semblable impôt était équitable, que retrancher une certaine fraction du revenu des citoyens riches employée à des accroissements de fortunes était un bien ; quant à la suppression que cet impôt amènerait d'une partie des dépenses faites pour le luxe, j'ai montré qu'elle était utile dans les moments prospères, je reconnais qu'elle est nuisible dans les crises, parce que le travail en objets précieux est alors trop restreint. Cependant, indépendamment du bien que produira l'impôt indiqué, en donnant du travail aux ouvriers que l'Etat emploiera, il y aura encore augmentation dans la quantité totale du travail de la production et de la fabrication ; en effet une partie seulement des fonds versés aurait été employée par les contribuables à donner du travail à quelques ouvriers en objets de luxe, tandis que la totalité de ces sommes employée par les ouvriers de l'Etat à satisfaire aux besoins les plus impérieux de l'existence, donnera de l'ouvrage à un grand nombre de travailleurs en objets de première nécessité.

Du Droit au travail.

Le droit au travail est le droit que possède tout citoyen de vivre en travaillant : ce droit n'oblige pas d'une manière absolue l'Etat à procurer à chaque travailleur de l'ouvrage dans son industrie habituelle, au lieu qu'il choisit ; certains ouvriers qui ont cru à cette obligation ont eu une prétention exagerée, et leurs antagonistes se sont emparés de cette prétention, pour annoncer que le droit au travail était impraticable : le devoir des gouvernants est de prendre des mesures pour qu'à toute époque l'ouvrier puisse trouver un travail qui lui permette de vivre. Ce devoir ils ne peuvent pas le remplir complètement dans la situation actuelle ; ils se trouvent dans la position d'un débiteur qui à l'échéance n'a pas les ressources nécessaires pour s'acquitter. Dans ces circonstances, qu'on croie d'une bonne politique de nier la dette de travail, je ne le contesterai pas ;

mais qu'on ne s'endorme pas dans la foi de cette déclaration, qu'on prenne toutes les dispositions possibles pour le présent et pour l'avenir. Les charges imposées à la société par le devoir d'assurer l'existence de tous les citoyens, sont rendues plus onéreuses par l'accroissement continuel de la population ; mais elles sont rendues plus nécessaires par cet accroissement même, qui diminue les ressources de ceux qui n'ont d'autre moyen de subsistance que leurs bras, et qui compromet davantage la tranquillité publique. La société tend à se partager en deux partis hostiles, la haine s'établit entre ceux qui possèdent et ceux qui ne possèdent pas : les premiers qui ont eu le pouvoir jusqu'aux jours de la dernière révolution, se sont à peu près occupés d'eux-mêmes, ou lorsqu'ils ont prétendu agir en faveur des ouvriers, ils l'ont fait avec une inhabileté qu'ils n'apportaient pas dans leurs propres affaires ; lorsqu'on a créé des travaux, on n'a fait qu'augmenter le défaut d'organisation du travail ; on a laissé les habitants des campagnes en proie aux usuriers ; on a abandonné le remplacement militaire dont le gouvernement pouvait se charger, à des capitalistes dont la plupart volaient le remplaçant, et le plongeaient pendant des mois entiers, pour mieux le tromper, dans l'ivresse et dans la débauche, dont ils portaient ensuite l'habitude dans l'armée ; on a vendu des pâturages communaux, parce que ces terrains devaient produire davantage entre les mains des particuliers, et avec le prix de la vente on a construit des fontaines et des mairies ; cette aliénation pouvait être bonne, mais à condition qu'on présentât des ressources équivalentes aux malheureux qui vivaient du rendement de quelque bétail, et que l'on a privés de moyens de subsistance qui devaient être considérés comme un droit sacré ; dans un certain nombre de forêts, on a laissé supprimer la faculté de recueillir le bois mort, faculté consacrée par un aussi grand nombre d'années que la possession par le propriétaire et ses prédécesseurs ; il y avait sans doute abus, on attaquait les arbres, l'interdiction était motivée, mais il fallait donner des compensations aux pauvres qu'on dépossédait. D'un autre côté, les ouvriers tombés, après la révolution de février, dans une misère à laquelle l'incurie des gouvernements précédents ne laissait que des remèdes insuffisants, qu'on a mal administrés, ont senti que la société n'avait pas rempli ses devoirs envers eux ; excités par des flatteurs, des ambitieux et des rêveurs, ils n'ont pas su s'arrêter à la limite du juste, ils ont montré des prétentions iniques, impraticables, et ils ont voulu les appuyer par la force des armes ; l'énergie du gouvernement, le courage de la garde nationale et de l'armée ont sauvé la société ; mais qu'on ne s'y trompe pas, pour

assurer l'ordre social à l'avenir, il ne suffit pas de réprimer les tentatives soulevées par les fausses doctrines, il faut rendre justice à tous ;
on doit défendre la propriété, mais on doit songer sérieusement aux
devoirs de la société envers ceux qui ne possèdent pas, et ne pas se
contenter des bonnes intentions de quelques citoyens, qui veulent
qu'on fasse quelque chose pour la classe pauvre, mais à condition
qu'on ne les prive en rien des douceurs de leur existence. La persistance de la bourgeoisie à ne s'occuper que de ses propres intérêts
ne serait pas une moindre cause de perturbation que les exigences
de ceux qui voudraient tout partager ; si cette persistance continuait,
il serait difficile de décider laquelle des deux classes est la plus dan-
gereuse pour l'ordre et par suite pour la société en général.

La partie de la population qui ne possède pas a de grands besoins ;
le plus pressé n'est certainement pas ce sentiment d'égalité ou d'ambition qui pousse tous les citoyens vers les positions élevées, et en
faveur duquel on a déclaré que les pensions des écoles seraient gra-
tuites, c'est-à-dire que des jeunes gens dont les familles jouissent
généralement d'une heureuse aisance, seraient logés et nourris aux
frais des contribuables, dont un grand nombre vivant à la sueur de
leur front, ont déjà des charges très-lourdes. Ce sentiment d'égalité
ou d'ambition au degré où il est arrivé, est un malheur pour le pays ;
dans les carrières dites libérales ouvertes aux jeunes gens, un grand
nombre échoue à l'entrée, ceux qui sont sans fortune restent sans
ressource, ils ont perdu le courage modeste nécessaire au travail des
mains, ce sont des mécontents dangereux pour la société. Le plus
urgent pour améliorer la position des ouvriers n'est pas de présenter
à quelques-uns d'entre eux la faculté d'arriver à des positions douces,
mais de fournir à tous les moyens de vivre.

Note sur l'Association Phalanstérienne.

Le système des phalanstériens consisterait à partager les citoyens
en sociétés en commandite, dans lesquelles chacun apporterait ses
capitaux (terres comprises), son travail, son talent, et serait rétribué
suivant qu'il aurait apporté. L'exploitation actuelle de l'industrie et
de l'agriculture comporte le concours simultané des mêmes éléments
de production ; un fabricant réunit, pour la marche de sa manufacture,
son talent, ses capitaux, d'autres fonds obtenus par l'emprunt, le
travail et le talent d'un certain nombre d'ouvriers et d'employés ; un
fermier prend à loyer l'immeuble d'un propriétaire, il y applique son
capital et mobilier, son talent, son travail, le travail de ses domesti-

ques ou journaliers : ainsi la réunion des éléments de production n'existe pas seulement dans le mode proposé, il existe dans le mode existant, et la question à examiner est de savoir si la réunion par l'association proprement dite est préférable à la réunion ordinaire.

Dans la réunion ordinaire, le chef d'une exploitation industrielle paie au capitaliste qui lui a versé des fonds un revenu annuel convenu à l'avance; ses ouvriers sont rémunérés de leur travail par un salaire qui se règle sur leur capacité à leur entrée dans les ateliers ou peu de temps après, ou encore, lorsque les ouvrages sont divisibles, le paiement a lieu suivant le travail fait, également à prix débattu à l'avance; le chef de l'exploitation jouit des bénéfices qui restent, ou supporte les pertes. La part du produit général qui revient à chacun est ainsi bien nettement déterminée, il est impossible au chef d'y porter atteinte, à moins que des revers n'amènent sa ruine. Dans l'association, ceux qui concourent à l'exploitation, doivent se partager le produit dans une certaine proportion; or il est impossible qu'un grand nombre d'hommes administrent ensemble : s'ils peuvent se réunir en conseil pour prendre des dispositions générales, ils ne peuvent pas entrer dans les détails d'une gestion; un seul doit diriger les opérations et établir ou faire établir les comptes qui déterminent le montant du produit; mais on sait quelle est la complication de ces comptes, quels détails de recettes et de dépenses doivent y figurer, avec quelle facilité on y introduit des fraudes; on sait que dans un grand nombre de sociétés, les actionnaires ont perdu leurs fonds, tandis que des directeurs qu'ils croyaient dignes de leur confiance se sont enrichis, en mettant en règle les formes de leur comptabilité. Qu'on ne m'oppose pas l'exactitude de la gestion des budgets de l'Etat; elle est extrêmement dispendieuse par les armées d'employés, de sous-employés, de vérificateurs et d'inspecteurs qu'elle nécessite, par les montagnes d'états imprimés ou manuscrits qu'elle exige. D'après les règles de cette gestion la vente de quelques vieux matériaux oblige à une adjudication dont les frais souvent ne sont pas couverts par la recette, et encore, malgré toutes ces précautions, elle laisse quelquefois passer inaperçues des remises personnelles d'argent: ceux qui la connaissent n'auront certainement pas la pensée de l'appliquer à la vente journalière des œufs et du beurre que comporte une administration agricole. On doit donc avouer que la part de ceux qui contribuent à une exploitation est beaucoup mieux assurée par le mode ordinaire que par l'association.

Le zèle et l'attention du chef d'une exploitation sont la force qui donne le mouvement; un travail dirigé et surveillé activement, marche activement, surveillé et dirigé mollement, il est exécuté mollement ; enfin la ruine ou le succès d'un établissement dépendent au plus haut degré de la gestion. Lorsque le chef gère à son compte, son zèle et son attention sont excités le plus vivement possible par la perspective du bien-être ou de la misère qui l'attendent suivant ce qu'il aura fait : aussi ce que la plupart des industriels et des agriculteurs apportent de réflexions, de soins, de peine à leurs exploitations serait inconcevable, si on ne connaissait la puissance de l'intérêt personnel. Lorsque le chef n'agit que par des récompenses, de l'avancement, tout cela ne vaut pas l'intérêt direct ; actuellement l'Etat aussi récompense ses employés, cependant il leur préfère un entrepreneur pour l'exécution de ses travaux.

La réunion des capitaux, du travail et du talent par les moyens employés ordinairement, est donc plus avantageuse sous des rapports très-importants que l'association proprement dite; je vais examiner les faces sous lesquelles elle peut avoir de l'infériorité.

Les phalanstériens voient dans l'association des ouvriers aux exploitations auxquelles ils contribuent, dans la rémunération de leur travail suivant le rendement général, un moyen d'exciter leur zèle. Pour évaluer l'efficacité de ce moyen, il suffit de considérer que mille ouvriers étant associés, si l'un fait en un jour le travail d'une journée et demie, l'augmentation du produit général sera de la valeur d'une demi-journée, et que le gain qui en résultera pour cet ouvrier laborieux ne sera que le millième du prix d'une demi-journée, c'est-à-dire une somme si minime qu'elle n'est représentée dans aucun système monétaire. Il est étonnant qu'on ait raisonné sur l'efficacité d'un stimulant semblable. Qu'on ne m'objecte pas que si un ouvrier fait en un jour le travail d'une journée et demie, la société appréciant son activité augmentera la fraction du produit général qui doit lui être attribuée, ou lui donnera des primes : dans le mode actuel les chefs d'industrie intéressés à avoir de bons ouvriers donnent de hauts salaires à ceux qui produisent bien et beaucoup ; il s'agit donc seulement d'examiner si le paiement par dividende présente plus d'excitation au travail que le paiement à prix faits, en admettant que dans les deux cas la rétribution est réglée d'après les produits individuels; j'ai fait voir à quoi se réduisait la différence.

Quelques hommes ont avancé que dans l'état actuel des choses il y avait exploitation de l'ouvrier par le fabricant, autrement dit que celui-ci percevait une fraction trop grande du produit général des capitaux, du travail et du talent. On doit d'abord observer que la plupart des fabricants qui obtiennent de grands bénéfices ont des capitaux propres qui doivent augmenter leur part; ensuite si, au lieu de ne considérer que les chefs d'industrie qui se sont enrichis, on embrassait d'un même coup d'œil ceux qui se sont ruinés, on verrait qu'en moyenne la part des chefs n'a pas été bien grande; et quand on tient compte de l'influence que leur travail et leur talent doit avoir sur les résultats, on doit reconnaître que ceux qui gèrent bien doivent être largement rétribués.

La gestion au compte d'un individu a l'inconvénient de ne pouvoir s'appliquer à des entreprises qui exigent des capitaux immenses; l'établissement, par exemple, du service d'une ligne de fer ne peut se scinder, et généralement un seul homme ne peut pas avoir assez de crédit pour réunir les sommes nécessaires; lorsque de semblables opérations ont été mises en adjudication par l'Etat, il a été indispensable d'avoir recours à l'association proprement dite, malgré les inconvénients qu'elle présente; mais quand, dans l'entreprise de ces affaires, il a été possible aux compagnies de distraire de la gestion en société, certaines fractions de l'opération pour les livrer à des entrepreneurs, elles se sont empressées de le faire; ainsi elles ont divisé les travaux de construction que comportait l'adjudication, entre un certain nombre d'individus qui les ont exécutés à leur compte moyennant une somme convenue; parce qu'elles ont senti que dans l'exécution de semblables travaux, l'association apporterait ses vices sans présenter aucun avantage.

Certaines fabrications, bien que pouvant être faites avec des capitaux modérément élevés, à la portée d'un grand nombre de fortunes particulières soutenues par le crédit, sont de nature à être traitées plus avantageusement avec des capitaux plus considérables; telles sont les industries du fer, des étoffes, etc. A égalité de gestion, dans ces industries, les éléments de production répartis entre dix établissements individuels, produiraient plus s'ils étaient concentrés sur un seul; mais il faut se garder d'en conclure trop vite qu'on doive réunir par association ces éléments divisés; l'impuissance de l'association à former une gestion aussi bonne que celle des individus dirigeant à leur compte, vient compliquer la question, l'expérience seule peut la résoudre à décider si la réunion de nombreux éléments de production compense les inconvénients de la gestion en commandite. Le peu de succès des entreprises manufacturières faites par des sociétés porte à donner la préférence à la fabrication restreinte.

S'il peut rester du doute sur l'avantage de l'association pour la fabrication des objets susceptibles d'être transportés au loin, qui peuvent être exécutés en grand, il ne peut pas en exister pour celle des objets qui s'emploient forcément sur les lieux mêmes. Ainsi à proximité des petites villes, la fabrication des tuiles qui se trouve nécessairement limitée, est dans toute son extension possible à la portée des fortunes ordinaires ; une association pour une entreprise de produits semblables, se trouverait dans des conditions beaucoup moins avantageuse qu'un particulier agissant à son compte ; elle ne soutiendrait pas la concurrence, si elle se présentait.

Les principales causes pour lesquelles la fabrication en grand présente des avantages dans certaines circonstances, sont qu'elle permet d'employer des outillages favorables à la qualité ou à la quantité de la production, qui exigent des dépenses considérables, et auxquelles la fabrication restreinte est obligée de renoncer ; que' les relations commerciales sont plus faciles pour de grands établissements qui sont bientôt connus, que pour de petites fabriques ; l'augmentation de surveillance dans les grandes manufactures n'est pas un obstacle, parce que le travail est aggloméré sur une petite surface. Dans l'agriculture au contraire, le développement des exploitations au-delà de certaines limites, au lieu d'être utile est nuisible : dans nos fermes ordinaires bien organisées, on trouve le même matériel que dans les grandes fermes, seulement il y a quantité moindre de chaque partie ; celles de nos petites fermes même qui sont gérées avec des capitaux suffisants, laissent tout au plus à désirer une machine à battre les gerbes, encore cette ressource leur est-elle souvent présentée par de petits industriels qui établissent des machines auxquelles chacun peut apporter ses gerbes. Si deux fermes, au lieu d'être dans les mains de deux bons cultivateurs, étaient occupées par un seul, la surveillance du maître appliquée à une surface double serait moins complète. L'agriculture n'a donc rien à gagner à la réunion d'une grande quantité d'éléments de production ; mais elle aurait beaucoup à perdre par les défauts inhérents à l'association, si ce mode d'exploitation lui était appliqué ; parce que dans cet art, la surveillance du chef s'étendant à de grandes surfaces doit être très-active, parce que s'appliquant à des détails infinis, elle doit être très-minutieuse. On s'étonne en voyant tous les soins auxquels se livre un bon chef de culture, qu'un homme puisse se multiplier à un tel point, et on voit par le peu de résultats qu'obtient un cultivateur négligeant, combien ces soins sont indispensables ; pour peu qu'on connaisse le cœur humain, on est obligé de reconnaître que si le chef de culture, au lieu de jouir des bénéfices de son exploitation, après avoir payé à prix faits le travail des ouvriers, et le propriétaire, s'il y a lieu, n'était que le commis faiblement intéressé d'une société, il serait impossible de trouver en lui le zèle qui est un élément indispensable du succès d'une entreprise agricole.

Souvent l'agriculture souffre par le défaut de capitaux qui empêche les cultivateurs de se procurer le matériel nécessaire, les bestiaux qui engraissent le sol, les chevaux ou les bœufs nécessaires au labourage, etc. [1]; l'association serait un moyen vicieux de leur donner les fonds qui manquent; c'est à l'emprunt à les fournir, et comme les habitants des campagnes ne sont pas toujours à portée des capitalistes, c'est à l'Etat à organiser des banques agricoles.

Je dois ajouter cependant que l'agriculture présente pour l'association une facilité qu'on ne trouve pas dans l'industrie manufacturière; certains propriétaires partagent la récolte avec leurs fermiers par égales parts, ou suivant toute autre proportion convenue, sans entrer dans le détail des comptes de gestion. Ce mode a l'inconvénient d'exciter moins le zèle et le travail du fermier que le loyer à prix fixe, de le porter moins à faire des dépenses en engrais et autres moyens d'amélioration des terres; mais il a l'avantage de ne pas lui laisser des charges au-dessus de ses forces dans les années improductives. Une association ainsi réglée entre le propriétaire et le fermier peut être admise; mais si elle s'étendait à un plus grand nombre d'intéressés, le zèle du fermier se trouverait complétement réduit.

Une grande preuve des vices des associations en général, c'est que lorsqu'elles se sont trouvées en concurrence avec l'exploitation individuelle, elles n'ont ordinairement pas pu se soutenir. Les tentatives phalanstériennes en particulier n'ont obtenu aucune espèce de succès, quoiqu'elles aient été appliquées à d'excellentes terres. Cependant je reconnais qu'on ne doit pas tirer contre l'idée d'association des conclusions de ces derniers essais; les directeurs qui les ont gérés, hommes d'ailleurs de haute probité et de mérite, non-seulement ont dû manquer, comme dans toute association, de l'activité extrême qu'on trouve dans le cultivateur qui jouit des bénéfices de sa culture; mais il y avait en eux une absence de pratique agricole qui les aurait probablement ruinés, s'ils avaient dirigé les travaux à leur propre compte.

J'ajouterai quelques observations sur d'autres idées du système de Fourrier.

L'école phalanstérienne remplace les nombreux petits magasins

---

[1] C'est ce défaut qui existe souvent chez les petits cultivateurs, qui a fait croire que la grande culture était plus productive que la petite; en supposant les moyens proportionnés, une exploitation qui comporte une ou deux charrues, produit au moins autant par hectare que celle qui en exige dix.

existant dans une localité par un magasin central, où chacun viendra
acheter, elle voit dans la foule des petits marchands des rouages inu-
tiles à la machine sociale. Il y a au moins exagération dans cette
opinion ; un grand magasin contenant un approvisionnement d'objets
très-divers comme ceux des étoffes, de l'épicerie, de la quincaillerie, exige un grand travail de détails d'administration, et de nombreux employés ; pour certains objets n'est-il pas préférable de
partager la vente entre plusieurs marchands qui se distribuent à
portée des acheteurs et qui font mieux leur travail que des commis ?
Si la centralisation de la vente avait de grands avantages d'économie,
depuis longtemps nos grands magasins des villes auraient fait tomber
les petits. Les phalanstériens ont cité pour modèles les magasins
d'habillement des régiments ; mais ils ont une simplification pour
l'administration dans l'uniformité des objets, et malgré cela, pour
deux mille hommes, ils exigent plusieurs employés. Dans nos villes
les individus occupés à la vente sont-ils proportionnellement beaucoup
plus nombreux, si on tient compte de la clientèle des campagnes ?

L'école phalanstérienne supprime la concurrence. Elle a des abus,
sans doute, dans la falsification des comestibles, et il est nécessaire
de rendre la surveillance plus active, les peines contre les délin-
quants plus sévères ; mais c'est la concurrence qui depuis l'abolition
des maîtrises a fait faire de si grands progrès à l'industrie, qui nous
donne à bas prix des objets qui autrefois à qualité égale coûtaient très-
cher ; elle offre il est vrai aux petites aisances des produits en étoffes
ou quincaillerie souvent très-inférieurs, mais auxquels ces petites
aisances ne pourraient pas atteindre autrement. La concurrence est
fondée sur le stimulant actif du travail, l'intérêt personnel ; Fourrier le rétablit sous une autre forme, il présente des récompenses
qui devront être distribuées par le suffrage populaire : la répartition
de ces récompenses ne dépendra-t-elle pas plus de l'intrigue des
prétendants, de leurs relations d'amitié, que de la qualité de leurs
produits ; le fabricant en général sera-t-il excité bien vivement par la
perspective d'une récompense d'autrui ? Par la concurrence celui qui
fait bien, vend cher, il attire à lui les acheteurs, la récompense est
directe, elle est assurée pour chaque objet par l'intérêt immédiat du
consommateur. Fourrier ajoute à l'intérêt matériel l'amour-propre, il
établit des luttes entre les pâtissiers sur la confection des petits gâteaux
et donne un éclatant triomphe aux vainqueurs ; ne devons-nous pas
attendre, pour obtenir de ce moyen une efficacité réelle, que le sentiment de la gloire dont devront resplendir les pâtissiers habiles soit
établi un peu plus profondément dans les esprits ? En attendant le

public donnera ses pratiques à ceux qui feront les meilleurs gâteaux, et ces artistes ne seront pas moins sensibles à cet avantage, qu'au triomphe que leur réserve Fourrier.

Les récompenses devant être fort nombreuses dans la phalange (ou commune), les habitants devant être logés dans des palais, il faut que le rendement général soit très-grand, pour qu'après avoir prélevé la somme nécessaire aux dépenses communes, il reste à ceux qui ne recevront pas de primes, des moyens d'existence suffisants; Fourrier l'a prévu; pour y arriver il donne à chaque citoyen une trentaine de métiers, il l'associe à nne trentaine de groupes aux travaux et aux bénéfices desquels il participera; il compte pousser l'homme à un travail très-productif, en l'occupant par séances courtes et variées en donnant satisfaction à la papillonne, ou besoin de varier ses occupations; alors le travail deviendra pour les ouvriers un plaisir auquel ils se livreront avec ardeur; en développant leurs facultés dans différents arts, on les rendra plus intelligents, plus propres à réussir dans chaque chose; il est vrai que trente métiers c'est beaucoup; mais chaque industrie sera subdivisée en parcelles aussi petites que possible, et chacun ne sera chargé que d'une parcelle. Il me semble d'abord qu'il vaut mieux, si on veut enseigner trente parcelles d'industrie à un ouvrier, les choisir dans le même art, comme il se pratique ordinairement, afin que connaissant bien toutes les relations des parcelles entre-elles, il fasse mieux chaque objet. Ensuite la plupart des arts ne permettent pas de changer fréquemment les travailleurs; un maître maçon pour faire exécuter une réparation plus ou moins importante dans une maison, y conduit un ouvrier, lui donne des instructions détaillées; si après une séance courte qui n'aura peut-être pas suffi aux explications, l'ouvrier tient à varier ses occupations, la course du maître maçon et les explications seront à recommencer, et si les ouvriers qui viendront après sont un peu sensibles à la papillonne, l'affaire pourra durer longtemps : dans la plupart des travaux de toute nature, il faut à l'ouvrier non-seulement un apprentissage, mais encore des instructions précises à donner souvent longuement et sur les lieux même, sur l'objet en particulier dont l'ouvrier doit s'occuper; si la continuité de l'emploi du même individu à la même chose se trouvait sans cesse interrompue, combien de temps serait perdu en explications, combien de chefs faudrait-il ? L'école phalanstérienne admet que les chefs changeront comme les ouvriers; que tel est simple travailleur ici, qui là aura sous ses ordres ceux qui lui commandaient ailleurs; si la direction du travail éprouve les mêmes variations que l'exécution, quels à coups continuels, et l'unité si instamment réclamée par Fourrier, que deviendra-t-elle dans les ouvrages ?

Pour faire exécuter les travaux répugnants, l'école phalanstérienne emploie ceux des enfants qui sont de vrais diables, de mauvais garnements, qui ne redoutent ni les taches, ni les déchirures, ni même les immondices ; c'est par la considération et l'honneur qu'elle les pousse, elle leur fait voir que le salut de tous est compromis, que l'homme recule ; elle les élève, les enthousiasme, et la horde enfantine accepte avec transport ce dégoût que l'homme fait refuse. Fourrier excite également par la gloire les hommes aux travaux qui sont peu recherchés. Tout cela sera très-bien à l'époque où les sentiments généraux seront changés, mais notre génération est incapable d'éprouver ce changement et de l'inculquer à ses enfants. Fourrier ajoute des stimulants plus positifs, il attache l'appas des avantages matériels aux fonctions qui ne sont pas assez recherchées, en réduisant dans la répartition, les sommes affectées aux positions désirées. Son opinion sur cette réduction, en ne la poussant pas comme lui à l'extrême, paraît mériter considération ; l'honneur que présentent actuellement les fonctions élevées de l'Etat est très-attrayant ; il n'est pas nécessaire, pour déterminer les hommes les plus capables à les remplir, d'y attacher en même temps des appointements aussi progressifs que ceux qui sont attribués.

En résumé, l'impulsion de la société au travail a toujours été l'intérêt personnel ou l'intérêt de famille ; l'école phalanstérienne tout en conservant ce stimulant veut le transformer en amour du bien public, en associant les citoyens de manière que chacun en travaillant pour lui travaille pour tous, en sorte que le bonheur de l'un ne puisse plus être la conséquence ou la cause du malheur de l'autre ; mais elle n'a pas remarqué qu'en assurant un dividende aux chefs d'exploitation, au lieu de leur laisser comme actuellement le bénéfice, variant du gain à la perte, qui reste quand les ouvriers et les capitalistes sont payés à prix faits, et qui résulte surtout de la gestion, elle ôtait à ces chefs leur zèle et aux exploitations leur force motrice : elle n'a pas remarqué qu'en rendant l'ouvrier solidaire de la variation du produit, elle ne l'encourageait en aucune manière au travail, parce que l'accroissement du produit que doit apporter le zèle d'un ouvrier actif, est trop faible pour que partagé entre tous, il en résulte une augmentation un peu sensible dans sa propre part ; qu'ainsi l'ouvrier n'aurait pas d'intérêt à travailler pour augmenter le rendement, et que dans la phalange le seul mobile qui lui resterait serait l'appas des récompenses, appas bien mieux assuré dans le système actuel, où l'intérêt du chéf le pousse à retenir ses bons ouvriers, par des salaires élevés. Le travail actuel établi sur l'intérêt personnel ou l'intérêt de famille, seuls sentiments qui puissent le soutenir, est bien constitué dans son organisation élémentaire; qu'on lui apporte des améliorations en le dirigeant sur des points convenablement choisis, en le mettant à l'abri des commotions, en prenant des moyens de régler autant que possible les difficultés entre les maîtres et les ouvriers; mais qu'on ne change pas ses bases.

FIN.

www.ingramcontent.com/pod-product-compliance
Lightning Source LLC
Chambersburg PA
CBHW060744280326
41934CB00010B/2345